LE GOÛT
DU CHOCOLAT

DU MÊME AUTEUR

Le Pain sauvage, l'imaginaire de la faim, de la Renaissance au XVIIIe siècle, éd. Le Chemin vert, 1981, traduit de l'italien par Monique Aymard.

La Chair impassible, Flammarion, 1986, traduit de l'italien par Monique Aymard.

L'Enfer et le fantasme de l'hostie : une théologie baroque, Hachette, 1989, traduit de l'italien par Monique Aymard.

L'Officine des sens : une anthropologie baroque, Hachette, 1989, traduit de l'italien par Myriem Bouzaher.

Les Baumes de l'amour, Hachette, 1990, traduit de l'italien par Myriem Bouzaher

La Sève de la vie : symbolisme et magie du sang, L'Arpenteur, 1990, traduit de l'italien par Brigitte Pérol.

PIERO CAMPORESI

LE GOÛT
DU CHOCOLAT

traduit de l'italien par
MYRIEM BOUZAHER

BERNARD GRASSET
PARIS

Tous droits de traduction, de reproduction et d'adaptation
réservés pour tous pays.
© *Éditions Grasset & Fasquelle, 1992.*

La science du savoir vivre

La crise de la conscience européenne — que Paul Hazard situe entre 1680 et 1715, ces « années rudes et intenses, pleines de luttes et d'angoisses, denses d'inquiétudes » où l'on vit l'axe culturel se déplacer du centre-sud vers le nord-ouest européen, de la Méditerranée vers la mer du Nord — coïncida avec la crise de la tradition culinaire d'une Renaissance finissante et la progressive marginalisation de l'Italie, s'éloignant des centres créateurs de nouvelles cultures. Plus de deux siècles durant, la grammaire de la cuisine européenne s'articulera désormais autour de paradigmes différents de ceux de la grande école romano-florentine : la lumière de la cour des derniers Louis ira jusqu'à briller là où les antiques splendeurs avaient embrasé les grands feux des délicates cours italiennes de la Renaissance.

La France des *conquérants**, des Gaulois belliqueux et colériques, se mit à exporter, en même temps que les évangiles de ses *nouveaux philosophes**, une armada de cuisiniers et de coiffeurs, de

* Les mots et expressions suivis d'un astérisque sont en français dans le texte. *(N.d.l.T.)*.

couturiers et de maîtres de ballet, divulgateurs empiriques et interprètes sociaux des nouvelles tendances de sa *civilisation** en germe. La « science du savoir vivre » et « certains raffinements de société que les Français connaissent si bien, nous Italiens et surtout dans la partie méridionale de l'Italie, nous ne les connaissons pas[1] », se lamentait Pietro Verri avec une pointe d'agaçant provincialisme à rebours, fastidieux à l'époque comme aujourd'hui.

Nombreuses furent les cuisines nobiliaires tombées aux mains des chefs français, lesquels imposèrent avec une maniaquerie hautaine les lois nouvelles du code transalpin. Giuseppe Parini les observait avec une irritation mal dissimulée et ironisait sur la mise en scène pompeuse accompagnant les prouesses des nouveaux *maîtres** qui, « au fond des profondes officines », s'affairaient à élaborer pour les palais aristocratiques « un rude chatouillement » qui « ébranle les nerfs amollis et amène à sa suite une volupté variée[2] ».

De blanc vêtus,
ils s'empressent à leur noble tâche,
ces preux ministres ; et leur dicte ses lois
un grand esprit, issu du pays

---

1. *Carteggio di Pietro e di Alessandro Verri dal 1766 al 1797*, *[Correspondance de Pietro et Alessandro Verri de 1766 à 1797]*, E. Greppi et A. Giulini éds., Milan, Cogliati, 1928, vol. VI, p. 1.
2. Giuseppe Parini, *Il Mezzogiorno [Le Midi]*, vv. 205 et suivants.

où furent célèbres Colbert et Richelieu...
... O toi, sagace maître
de ce qui flatte le goût, tu entendras bientôt,
de la grande table, s'élever tes louanges.
Existe-t-il celui qui osera trouver
une moindre erreur dans ton œuvre[3] ?

Le « premier cuisinier appelé tout exprès de Paris », l'« habile premier officier de bouche français » (ainsi que l'appelait dans ses *Lettres capricieuses [Lettere capricciose]* le marquis-dramaturge bolonais Francesco Albergati Capacelli), devint un personnage central, un dignitaire révéré, le grand ordonnateur responsable de l'engrenage complexe d'une machine qui produisait d'heure en heure, scandant l'interminable journée des aristocrates, d'aimables consolations pour leurs palais difficiles et blasés.

Cependant, tout le monde ne s'accordait pas à reconnaître à la France la primauté et la primogéniture en matière de dégrossissement des coutumes et de raffinement du style de vie. Le comte Francesco Algarotti, homme délicieux, voyageur infatigable se sentant chez lui à Paris comme à Berlin, à Saint-Pétersbourg comme à Londres, commensal à Potsdam de Frédéric II et de Voltaire, écrivant en 1752 à Carlo Innocenzo Frugoni, poète à la cour des Bourbon-Parme, lui faisait observer que

---

3. *Ibid.*, vv. 209-224.

dans les délicatesses mêmes de la vie, où ils sont autant de Pétrone, il est obligé que les Français nous saluent comme précepteurs. Montaigne, dans un de ses *Essais*, parle d'un écuyer tranchant du cardinal Caraffa, grand docteur dans la science des bons petits plats, des sauces, et de tout autre sujet apte à éveiller l'appétit le plus difficile et le plus érudit, lequel savait bien

Quo gestu lepores, et quo gallina secetur.

Ailleurs, il raconte aussi que les Français, à son époque, allaient en Italie apprendre la danse, les belles manières et toute forme de gentillesse, comme aujourd'hui les Anglais viennent y étudier les œuvres de Palladio et les reliques des antiques édifices. Et l'on peut bien dire que, lorsqu'ils médisent de nous, l'enfant bat sa nourrice, pour reprendre une de leurs expressions.

Le fait est que, après la commune barbarie d'Europe, les Italiens ouvrirent les yeux bien avant les autres nations. Quand les autres dormaient encore, nous, nous étions éveillés[4].

Le processus de modernisation lancé par l'Italie avait été si intense que la « barbarie », anéantie par les « Lumières », avait radicalement transformé notre Pays aussi. De retour du Royaume des Ombres en sa Péninsule « après bien quatre siècles[5] » d'absence

---

4. Francesco Algarotti, *Lettere varie [Lettres variées]*, 1re partie, in *Opere del conte Algarotti edizione novissima [Œuvres du comte Algarotti, nouvelle édition]*, Venise, Carlo Palese, 1794, t. IX, pp. 236-237.
5. Saverio Bettinelli, *Dialoghi d'Amore [Dialogues d'Amour]*, 2e partie, in *Opere edite e inedite in prosa ed in versi dell'abate S. B. [Œuvres éditées et inédites en prose et en vers de l'abbé S. B.]*, 2e éd., Venise, Adolfo Cesare, 1799, t. VI, p. 165.

en compagnie d'Amour, Pétrarque le revenant avait été éminemment troublé par cet inimaginable et « étrange bouleversement ». Tout avait changé depuis le temps où « tout était gothique, c'est-à-dire allemand[6] ». En descendant du ciel sur terre — l'imagination de Saverio Bettinelli atteint ici des sommets grotesques, imprévisibles et inattendus en ce « siècle des choses[7] » et des formules géométriques appliquées abusivement jusqu'aux mystères de l'au-delà, quand étaient « composés, voire prêchés, des sermons au moyen de lemmes et de théorèmes selon la méthode wolfienne[8] » —, l'ombre de Pétrarque avait été stupéfaite par les « admirables progrès[9] » qui défilaient sous ses yeux de voyageur éberlué, catapulté du fond de son « âge rustre » en un monde méconnaissable. « La façon de parler, de se vêtir, de se loger, de converser, de cohabiter, les arts, les lois, les coutumes, le culte même — s'exclame le très raffiné chantre de Laure — tout est tellement différent de jadis[10] ! » Autour de lui, il contemplait un paysage urbain ouvert, doux, amène, où, au lieu des « châteaux et des tours », des « créneaux et des bretèches » érigés par de féroces « puissants » vivant terrés au fond de leurs manoirs et « cloîtrés, voire

---

6. *Ibid.*, p. 166.
7. F. Algarotti, *Lettere varie, op. cit.*, p. 19.
8. *Ibid.*, p. 142.
9. S. Bettinelli, *Dialoghi d'Amore, op. cit.*, p. 166.
10. *Ibid.*

ensevelis même dans les villes », s'élançaient d'élégants « palais ornés d'or, de stucs, de fresques, avec de hautes portes et des entrées en marbre, d'amples façades et de larges fenêtres vitrées, découpées jusqu'au sol pour rendre plus lumineuses les longues enfilades de belles pièces [11] ».

Brillantes *suites** lumineuses de pièces claires et aérées aux plafonds dorés et aux vastes fenêtres sinueuses. La nouvelle architecture civile, avenante et sereine, accentuait la rupture avec le passé gothique, hérissé de peurs, de fantômes, de sombres visions, de pièges sanguinolents, d'« horreurs ». Les escaliers, surtout, semblaient fasciner Pétrarque, les escaliers aériens du XVIIIe siècle, « magnifiques » et harmonieux, tellement différents de ceux qu'il avait connus à son époque, « exigus et obscurs ». Quant aux intérieurs, si accueillants et si beaux, ils lui arrachaient des cris d'admiration.

> Et quels meubles, quels décors de chaises vastes et confortables, de hauts lits à baldaquin, de murs tendus de belles draperies, de vaisselle ô combien riche et étincelante ! Je craignais même de toucher certaines pièces dites de porcelaine. Tout me semblait un enchantement et un rêve [12]...

Le luxe le plus raffiné s'accompagnait d'une inimi-

---

11. *Ibid.*, pp. 166-167.
12. *Ibid.*, p. 167.

table exquisité de la mode : « Leurs vêtements aussi sont de la plus grande élégance, très ajustés sur les membres de sorte qu'on ne les dirait pas couverts, le chef tout poudré et protégé de tricornes rehaussés, le cou étroitement cravaté [13]... »

L'économie générale des repas, le style des plats et le goût des mets, là aussi tout avait radicalement changé. Moins somptueuses que celles des parvenus enrichis grâce aux prélèvements illicites sur les « droits d'octroi » princiers (des gens aux « manières blâmables » au regard desquels les « antiques publicains » pouvaient sembler de sévères « stoïciens »[14]), les tables des nobles n'étaient évidemment pas agrémentées de « jubilations plébéiennes », comme dans les bombances petites-bourgeoises de ces nouveaux riches dénués du moindre « savoir vivre », mais de « nourritures très exquises et de vins étrangers, dont chacun tenait un catalogue afin de choisir le meilleur ». De ces tables avaient disparu l'amoncellement barbare, la succession chaotique des mets gigantesques du repas médiéval, « ces grands plats de mon époque — observait Pétrarque — regorgeant de gibier, de volailles en pyramides, ou de veaux ou de chevreaux entiers [15] ».

Le lourd rideau d'épices qui enveloppait de ses denses arômes porteurs d'oubli le banquet médiéval

---

13. *Ibid.*, p. 169.
14. *Ibid.*, p. 168.
15. *Ibid.*

s'était dissipé dans le néant, volatilisé en même temps que les eaux rosées des bains préprandiaux.

> Plus rien désormais n'exhale les senteurs de ces épices alors si rares et que nous appréciions tant en chacun de nos mets, et l'on ne voit plus ni les énormes tourtes, ni les pâtés façonnés en guise de tour dominer la table, ni jaillir l'eau de rose ou de jasmin. Peu de victuailles, mais plusieurs plats, dans des sauces précieuses, des riches extraits ou des jus substantiels. Une seule chose m'a paru étonnante en un tel luxe, on ne se lave point les mains avant le repas [16].

Se laver les mains avant le repas, c'eût été « avouer que l'on est sale », explique Amour à Pétrarque dans les *Dialogues*, « chose que l'on ne doit même pas soupçonner chez des personnes si élégantes de pied en cap [17] ». La nouvelle élégance, le luxe exquis et délicat, la sinueuse mode ajustée, étudiée — aurait-on dit — pour exalter la légèreté des mouvements et la sveltesse des corps, requéraient un nouveau style alimentaire, un statut culinaire différent.

Peu de victuailles, mais plusieurs plats : une palette nuancée de goûts, orchestrée sur la variété et le jeu des saveurs entrecroisées et accolées mais pas amalgamées, une syntaxe culinaire nerveuse et agile, loin

---

16. *Ibid.*, pp. 168-169.
17. *Ibid.*, p. 169.

de l'antique cuisine où l'abondance massive et lourde écrasait le palais sensible et délicat sous une pesante cascade d'« énormes tourtes » et de « pâtés en forme de tour ».

Après la disparition des plats patriarcaux, où les chairs de sauvagine et de quadrupèdes lourds et robustes défilaient en de grasses processions pour glisser ensuite des immenses plateaux sur les vastes et accueillantes planches à découper et finir dans les larges assiettes des convives, les formes modernes du discours culinaire s'articulaient en un *défilé** de vaisselle fine, aérienne et fragile sur laquelle les « sauces précieuses », les « riches extraits et les jus substantiels », les consommés et les bouillons, les coulis et les gélatines (l'esprit des viandes prélevé par l'alchimie des cuisiniers aux lambeaux vulgaires et sanguinolents d'un ignoble bétail) épargnaient aux fins *mangeurs** l'obligation triviale de mordre, de déchiqueter, de mastiquer, favorisant ainsi des rencontres délicates et de pétillantes conversations.

Les tables du XVIIIe sont régies par une *ratio convivalis* inédite, un ordre géométrique et une raison mathématique : la multiplicité des plats sous-entend la légèreté des substances, et le chatoiement des couleurs préfigure la variété des saveurs. L'œil, en détrônant le nez, favorise et exalte la polychromie du défilé, le menuet des tasses, le ballet des mets. Polychromie et miniaturisation se fondent dans le concert bien tempéré du repas comme en une élégante phrase musicale. Au-dessus de tout domine l'apparat général, l'*ordre* et la discipline harmonieuse présidant au passage médité des plats, ou plutôt à la *promenade** bariolée, visuellement appétissante, apprêtée pour le difficile plaisir de la vue. L'œil devient la pointe acérée du goût plus subtil, l'engin sensible destiné à la mesure, à l'évaluation morphologique faite à distance : l'œil, le moins confidentiel et le moins abandonné des sens, metteur en scène impassible et glacial auquel rien n'échappe quand il glisse, froid et détaché, sur les surfaces colorées sans explorer *l'intérieur**, sans flairer ni toucher l'âme cachée des substances.

> Déjà on apprête la table. En mille guises,
> de mille saveurs et de mille couleurs
> l'héritage varié des aïeux
> s'égaye dans les plats ; et il garde un ordre juste [18].

Le « siècle épuré », ce « siècle des choses et de la culture universelle [19] » que Francesco Algarotti avait enrichi en inventant pour les dames italiennes « un nouveau genre de plaisir » en important de France « la mode de cultiver son esprit plutôt qu'une nouvelle manière de se friser les cheveux [20] », avait relégué au rang d'antiquailles poussiéreuses et

---

18. G. Parini, *Il Mezzogiorno*, vv. 383-386.
19. F. Algarotti, *Lettere varie*, t. IX, p. 19.
20. *Ibid.*, p. 18.

néfastes — en même temps que les « vieilleries gothiques », les « mots antiques et rances[21] », l'ésotérisme magique, l'animisme préscientifique et la culture des écoles — le désordre, l'abondance pléthorique et brouillonne des tables du Moyen Age, de la Renaissance et du Baroque. La mathématique de l'esprit, la « doctrine des mesures et l'infaillible science des quantités numériques », avait imposé jusque dans les aliments une rotation de cent quatre-vingts degrés, véritable inversion de cap. La table devenait la chambre de condensation des nouvelles frontières mentales, l'échiquier sur lequel se jouait la partie de la reconversion de la nature humaine aux règles de la raison et de la science. « Ne pourrait-on définir le goût — se demandait Algarotti dans ses *Pensées diverses* — comme le résultat de la doctrine des proportions dans la géométrie de l'esprit ?[22] »

Cette « géométrie de l'esprit » était toutefois plus souvent théorisée que vécue et pratiquée, et lorsqu'ils s'attablaient maints *philosophes** en oubliaient la « doctrine des proportions » pour s'abandonner aux excès préscientifiques, à de *plantureuses ripailles** dignes de ces siècles frustes et sombres, de ces anciens régimes alimentaires obscurantistes et superstitieusement déviants, délétères et terribles pour *l'esprit** qui, prompt et léger, avait

---

21. *Ibid.*, p. 17.
22. F. Algarotti, *Pensieri diversi*, in *Opere, op. cit.*, t. VII, p. 57.

raillé les usages barbares et les déplorables coutumes de la pesante société médiévale gothique. En se souvenant à Naples des vendredis parisiens, l'abbé Ferdinando Galiani, qui, à la différence des autres illuministes, continuait à respecter la loi du maigre, évoquait avec nostalgie ses indigestions de poissons que lui procurait son solide appétit : « On annonce que le déjeuner est servi. Nous sortons, les autres mangent gras, moi je fais maigre, je mange beaucoup de ce colin vert d'Ecosse qui me plaît tant, et je m'en attrape une indigestion tandis que j'admire l'habileté de l'abbé Morellet à découper un poulet. On se lève de table, nous sommes au café et tout le monde parle en même temps[23]. »

Les repas des philosophes des Lumières s'achevaient presque invariablement par une indigestion, même chez « cet esprit rare qu'est Monsieur de Voltaire », dont la seule présence rendait une soirée extraordinaire et inoubliable. « Un dîner sans lui — racontait le comte Algarotti qui l'eut souvent pour commensal à la table de Frédéric le Grand dont il était le chambellan — ressemblait à une bague sans gemme. »

Au château de Sans-Souci, aux « dîners du Roi », « les pensées fusent de sa bouche, vives et pétillantes, comme des étincelles et des flocons de

---

23. Ferdinando Galiani, *Dialogo sulle donne e altri scritti [Dialogue sur les femmes et autres écrits]*, C. Cases éd., Milan, Feltrinelli, 1957, p. 27.

lumière jaillissent de corps excessivement électriques lorsqu'on les frotte[24] ». Ces dîners s'adressaient certes aux brillants esprits, mais aussi aux appétits robustes et aux ventres voraces, ennemis des abstinences et des jeûnes, hostiles aux disciplines réglées de la table, destinés à des gens de « vertu » limitée.

> Il faudrait à ces tables la plus grande vertu. On te présente presque toujours — racontait Algarotti, hôte de Frédéric, à Francesco Maria Zanotti en 1750 — de méchants mets, c'est-à-dire de ceux qui te font manger même lorsque tu n'as point d'appétit.
>
> *Hélas ! Les indigestions*
> *Sont pour la bonne compagnie**.
>
> Je voudrais voir soumis à de telles épreuves messire Luigi Cornaro et tout son traité sur la vie sobre[25]...

De Potsdam aux « Délices » genevoises, le programme diététique restait substantiellement (et dangereusement) immuable. « Plus esprit que corps[26] », très maigre, « un grand béret de velours noir lui tombant sur les yeux sous lequel une perruque très épaisse encadrait son visage d'où saillaient le nez et

---

24. F. Algarotti, *Lettere varie*, in *Opere, op. cit.*, t. IX, p. 187.
25. *Ibid.*, p. 164.
26. S. Bettinelli, *Lettere a Lesbia Cidonia sopra gli epigrammi [Lettres à Lesbia Cidonia sur les épigrammes]*, in *Opere edite e inedite, op. cit.*, t. XXI, p. 32.

le menton, beaucoup plus pointus que sur ses portraits ; le corps enveloppé de fourrures, de pied en cap [27] », le patriarche de Ferney se purgeait régulièrement avant de se mettre à table afin de pouvoir manger sans crainte d'indigestion.

Nous déjeunâmes en bonne compagnie — raconte Saverio Bettinelli qui se rendit à Ferney quand l'auteur de *Candide* avait déjà plus de soixante ans — et je vis sa méthode de prendre une bonne cuiller de conserve de cassier avant de s'attabler et de bien manger comme il le fit. Après le repas, il me dit : « J'ai trop mangé, je ne vivrai pas longtemps pour profiter de ma nouvelle maison [à Ornex, qu'il avait fait construire "*pour* — avait-il l'habitude de dire — *aller digérer d'un endroit à l'autre**"] ; mais il faut jouir, je suis gourmand. Horace l'était ; chacun cherche son plaisir. *Il faut bercer l'enfant jusqu'à ce qu'il s'endorme**. »
Vous voyez qu'il était de la trempe d'Horace et d'Epicure, comme par ailleurs il était de celle de Diogène ; et tantôt il jouait le rôle de Socrate, tantôt celui d'Aristippe. Puis il prenait beaucoup de café après avoir dégusté de bonnes bouteilles [28].

Son médecin personnel, le célèbre Tronchin auquel il avait confié « sa vie et sa santé [29] », « était mécontent de son malade [30] ». Ce clinicien à la

---

27. *Ibid.*, p. 25.
28. *Ibid.*, p. 39.
29. *Ibid.*, p. 40.
30. *Ibid.*

mode, « bel homme plein de grâce » que se disputaient les « convulsionnaires » accourant de partout à Genève, même de Paris, afin d'obtenir la faveur d'une de ses auscultations (la tsarine Catherine l'avait invité par un contrat princier à quitter la petite république calviniste sur les bords du Léman pour le palais de Saint-Pétersbourg), recommandait à ses patientes — uniquement des dames du grand monde aux nerfs particulièrement sensibles et à la matrice très délicate, souffrant du mal le plus répandu à cette époque dans l'univers féminin, la crise convulsive — une « cure galante » : « Chaque matin des chevauchées, belles amazones, puis des déjeuners et des dîners raffinés selon la méthode prescrite, des tables de jeu, de la galanterie et de la musique en alternance, enfin bref, des divertissements incessants loin des maris et de la cour[31]... » Thomas Sydenham, l'« Hippocrate anglais », conseillait lui aussi aux patientes présentant un syndrome identique la lecture de *Don Quichotte* et l'équitation, car « le cheval est le quinquina des hypocondriaques[32] ».

Conseillé et assisté par un tel médecin, même un malade difficile comme Voltaire réussit à atteindre sans grand dommage les quatre-vingt-quatre ans. Plaisir modéré, volupté contrôlée, modération avisée, désengagement galant, diètes légères.

---

31. *Ibid.*
32. F. Algarotti, *Lettere varie*, *op. cit.*, t. IX, p. 163.

Si le grand Tronchin — auquel la tsarine avait offert « soixante mille francs par an, table ouverte à tous ses amis, une voiture, une maison et un cadeau à son départ s'il acceptait de vivre à la cour pendant trois ans[33] » — prescrivait des jeux, des musiques, des chevauchées accompagnées de « déjeuners et de dîners raffinés[34] » aux belles dames sujettes aux turbulences et aux langueurs de la vie facile, les séducteurs libertins, quant à eux, avaient coutume d'offrir à leurs amantes « un souper très délicieux et très excellent, quoique frugal et sans prodigalité[35] ». Seuls des visionnaires dignes d'Héliogabale comme le marquis de Sade pouvaient rêver d'agapes immodérées, étrangères au bon goût du XVIIIe, d'étreintes charnues, d'amoncellements excentriques regorgeant de plats surabondants.

Il y eut d'abord un service de potage au jus de bisque et de hors-d'œuvre composés de vingt plats. Vingt entrées les remplacèrent et furent bientôt relevées elles-mêmes par vingt autres entrées fines, uniquement composées de blancs de volailles, de gibiers déguisés sous toutes sortes de formes. On les releva par un service de rôti où parut tout ce qu'on peut imaginer de plus rare. Ensuite arriva une relève de pâtisserie froide, qui céda bientôt la place à

---

33. S. Bettinelli, *Lettere a Lesbia Cidonia*, op. cit., p. 41.
34. Ibid., p. 40.
35. *La Cauchoise ou Mémoires d'une courtisane célèbre*, in *Œuvres anonymes du XVIIIe siècle*, Fayard, 1985 (Enfer de la Bibliothèque nationale, t. III), p. 420.

vingt-six entremets de toutes figures et de toutes formes. On desservit et on remplaça ce qui venait d'être enlevé par une garniture complète de pâtisseries sucrées, froides et chaudes. Enfin, parut le dessert, qui offrit un nombre prodigieux de fruits, malgré la saison, puis les glaces, le chocolat et les liqueurs qui se prirent à table. A l'égard des vins, ils avaient varié à chaque service : dans le premier le bourgogne, au second et au troisième deux différentes espèces de vins d'Italie, au quatrième le vin du Rhin, au cinquième des vins du Rhône, au sixième le champagne mousseux et des vins grecs de deux sortes avec deux différents services[36].

Toutefois, il eût été difficile à un gentilhomme de qualité (fût-il possédé de démons satyriques) d'approuver ce menu imaginé par le goût perverti du noble prisonnier de la Bastille qui, dans ses crises diabético-sexuelles, rêvait des *outrances** inadmissibles non seulement pour tout *honnête homme** au palais éduqué, mais aussi pour les professionnels du libertinage. Pour un véritable seigneur, la dépravation du goût n'allait jamais sans la licence des mœurs : un abominable ragoût et un amour honteux étaient chose identique, tous deux appartenant à un seul et unique principe néfaste de corruption. Même la cour pullulait d'« esprits désoccupés, oisifs* », de

---

36. François de Sade, *Les 120 journées de Sodome ou l'Ecole du libertinage*, texte intégral, UGE., coll. 10/18, 1975, t. I, p. 134.

« parleurs infatigables et très fatigants* », d'« insipides railleurs*[37] » : tous des « hommes de mauvais goût, d'un goût singulier, bizarre, dépravé dans leurs amours, dans leurs ragoûts*[38] ».

---

37. Jean-Baptiste Drouet de Maupertuy, *Les avantures d'Euphormion, histoire satyrique*, Amsterdam, Janssons à Waesberge, 1712, t. II, pp. 8-9. Il s'agit de la version française remaniée au XVIIIe siècle de l'œuvre homonyme de l'Ecossais John Barclay, publiée en 1605.
38. *Ibid.*, p. 10.

La revanche de la nuit

Charles Louis de Secondat, baron de La Brède et de Montesquieu, observait que « souvent le mari commençoit le jour où sa femme le finissoit[1] ». La société du XVIIIe, et surtout la femme « éclairée », avaient vaincu la longue tyrannie des ténèbres. La « terrible ombre » de la nuit *d'autrefois** évoquée par Giuseppe Parini, « l'air horriblement silencieux et opaque », flamboyaient de « grande lumière et d'or ». Le « concile nocturne » dans la « superbe salle » resplendissait à la lumière de « centaines de flambeaux ». Les « ténèbres ennemies » reconsacrées par les « génies,/ qui s'ébattent triomphants dans la nuit », fuyaient devant la « nouvelle lumière » se réfugier au sein des sombres campagnes. Au cœur des « espaces heureux » du « grand palais », tout est « allégresse et lumière ».

> Stupéfaite, la nuit voit autour d'elle
> briller plus que sous le soleil

---

1. Montesquieu, *Cahiers*, 1716-1755, textes recueillis et présentés par Bernard Grasset, Paris, Grasset, 1941, p. 243.

>   les cadres dorés, et les murs ornés de miroirs
>   et de cristaux, et les atours variés
>   et les blanches épaules, et les bras
>   et les mobiles prunelles...
>
>   PARINI, *La nuit*, vv. 48-52.

La nuit flamboyante offrait à la séduction féminine les heures les plus propices au déploiement de son pouvoir magique. « Les belles dames — observait Pietro Verri — préfèrent paraître la nuit plutôt que sous la lumière du jour. De jour, le grand corps de la lumière part d'un seul angle, toutes les proéminences du visage, toutes les cavités reçoivent une ombre, et les traits s'en trouvent marqués. En revanche, une salle de bal admirablement éclairée reçoit la lumière de toutes parts en même temps ; la silhouette en est uniformément éclairée et presque toujours lumineuse[2]. »

La « victoire sur la nuit » (F. Braudel), dont la protagoniste fut « la femme-flambeau », ainsi dénommée par l'abbé Roberti, avait renouvelé les rythmes vitaux, bouleversé le traditionnel écoulement des heures, profondément modifié l'« emploi du temps* », éradiqué certaines coutumes invétérées, anéanti d'archaïques craintes superstitieuses.

---

2. Pietro Verri, *Discorso sull'indole del piacere e del dolore [Discours sur la nature du plaisir et de la douleur]* in *Del piacere e del dolore ed altri scritti di filosofia ed economia [Du plaisir et de la douleur et autres écrits de philosophie et d'économie]*, R. de Felice éd., Milan, Feltrinelli, 1964, p. 44.

Une révolution silencieuse et feutrée engloutissait le vieil ordre. Un adversaire impalpable et invisible, mais pas moins coriace et insidieux pour autant, avait été (à jamais) vaincu et refoulé : le « sentiment de la nuit » (évoqué par Montaigne dans son *Essai sur le goût*[3]), qui confinait à l'idée sinistre du non-existant, du temps négatif, inerte et funèbre, le temps de l'absence de l'âme, du vide incubateur de mort. La chute du tabou de la nuit, la substitution du temps de culture à celui de nature, la prise de pouvoir de l'artificiel sur le naturel avaient marqué une profonde *coupure** dans le réseau des conditionnements tissé silencieusement depuis des siècles et des millénaires.

Le « temps de nuit » avait perdu le halo livide des sinistres heures chères aux sorcières et aux nécromanciens, l'horreur des apparitions spectrales et des « rumeurs » des revenants. Sous la lumière éclatante des *soirées** galantes s'était effondrée l'interdiction — pourtant sage — de la vieille médecine sur le « sortir la nuit » aux effets délétères, du voyage nocturne perturbant l'ordre naturel et outrageant l'ordre moral.

> Vous vous garderez en outre de sortir la nuit — avait exhorté, parmi tant d'autres, la voix de monseigneur Sabba Castiglione, au milieu du XVIe siècle — sinon par extrême nécessité, d'abord à cause des

---

3. *Encyclopédie ou dictionnaire raisonné des sciences, des arts et des métiers*, vol. III, p. 762.

scandales, des inconvénients et des dangers qui continuellement s'ensuivent ; ensuite en raison des diverses et multiples infirmités, lesquelles naissent en général de l'air nocturne dans le corps humain, en rappelant que le jour fut fait pour travailler et la nuit pour se reposer ; et il est certain que sortir la nuit sans besoin ne fait rien d'autre que perturber l'ordre de la nature[4]...

La vie « oisive et molle[5] » du siècle désordonné, les mœurs corrompues du « siècle efféminé[6] », aux yeux des conservateurs catholiques de la seconde moitié du XVIIIe siècle apparaissent comme la négation du vieil ordre civil, le triomphe de la dissolution, de la licence, de la dépravation. Le délire d'un « siècle forcené » qui, « enflé d'une vaine science », prétendait « amener sur terre les lumières et le bonheur[7] ». La « dissipation des pensées, la mollesse des délices... où tout est vanité et bagatelles, galas et chichis, oisiveté et divagation[8] », avaient trouvé en la nuit le meilleur moment pour faire oublier les

---

4. *Ricordi ovvero ammaestramenti di Monsig. Sabba Castiglione cavalier gerosolimitano [Souvenirs ou préceptes de Monseigneur Sabba Castiglione, chevalier hiérosolymitain]*, Venise, Michele Bonelli, 1574, f. 25r, 1re éd. Venise, 1554.

5. Cristoforo Muzani, ex-jésuite, *Costume di vivere inutile e ozioso [Coutume du vivre inutile et oisif]*, in *Quaresimale di celebri moderni autori italiani [Sermons de célèbres auteurs modernes italiens]*, 2e éd., Venise, Imp. Curti, 1882, vol. I, p. 155.

6. *Ibid.*, p. 167.

7. Giovanni Piva, *Carattere del secolo XVIII [Caractère du XVIIIe siècle]*, in *Quaresimale di celebri moderni autori italiani, op. cit.*, vol. II, p. 68.

8. C. Muzani, *Costume di vivere inutile e ozioso, op. cit.*, p. 164.

scansions équilibrées du jour et les devoirs de la vie chrétienne illuminée par le soleil de la foi et non par les fausses lueurs de l'athéisme, du déisme, du pyrrhonisme, de l'atomisme qui, en réduisant l'homme à « un peu de poussière très fine agitée véhémentement » et la pensée à un agglomérat casuel de substance pulvérisée pouvant apparaître comme « triangulaire ou carré... dur ou mou[9] », en était arrivé à proclamer que les hommes n'étaient rien d'autre que des « machines, qui marchent comme des horloges[10] ». Au cœur de la nuit éclairée étaient nés les « sophismes putrides[11] » des *philosophes**, des mauvais maîtres franco-hollandais, des « libertins outrecuidants[12] », des « libres penseurs », avortons monstrueux de l'« oracle des libertins », d'un « Spinoza impie[13] », des perfides glorificateurs des « appétits brutaux[14] », de ceux qui exhortaient complaisamment à « s'abandonner sans frein ni mesure aux bras de toutes les scélératesses », à « se faire les esclaves du vin, du lit et des nourritures », à « piétiner chaque droit et chaque loi », à « flairer tels des lévriers sur tous les prés la moindre parcelle

---

9. Antonio Valsecchi, O. P., *Spiriti forti del secolo [Esprits forts du siècle]*, in *Quaresimale di celebri moderni autori italiani, op. cit.*, vol. I, p. 137.
10. *Ibid.*, p. 138.
11. *Ibid.*, p. 147.
12. *Ibid.*, p. 136.
13. *Ibid.*, p. 143.
14. *Ibid.*, p. 145.

de jouissance vile et immonde[15] ». Même dans les villes et chez les gens restés fondamentalement liés à la tradition catholique et au vieil ordre, « les veillées nocturnes s'allongent et se prolongent tellement qu'il leur faut ensuite se restaurer par des repos jusqu'à des heures très tardives. Le fait est que l'on quitte donc le lit alors que la célébration des divins mystères est déjà presque achevée. Le fait est que, avant que les cheveux ne soient bouclés, le front lustré, les yeux rassérénés, les joues peintes, les affiquets installés, les rubans déployés, avant que ne soit toute l'allure embellie, s'il n'est point encore l'heure où l'on dresse la table, il est du moins l'heure où ferment toutes les églises[16] ».

La « coupable coutume moderne » n'avait pas pénétré seulement les « grandes familles » et les « ordres nobles et seigneuriaux », car les « gens du peuple », les « artisans », tout le « peuple bon à rien[17] » se pressait dans les tavernes des villes, en particulier les jours de fête, et s'y attardait pour « en profaner les nuits mêmes, soit en de longs spectacles théâtraux, soit en de continuelles ripailles, soit en d'autres excessives débauches[18] ». L'usage mauvais, voire pervers, des heures était le signe le plus évident

---

15. *Ibid.*, p. 146.
16. C. Muzani, *Costume di vivere inutile e ozioso, op. cit.*, pp. 161-162.
17. *Ibid.*, p. 163.
18. *Ibid.*

de « détraquement[19] », moral et social ; le renversement du temps comme signe le plus clair de l'inversion des valeurs :

> O puissante mode indigne,
> qui bouleverse de la nature
> l'ordre tout entier, où ne règnent
> que raison et foi obscure[20] !

Raison obscurcie, éclairée par des réverbères sataniques, folie dépravée, sournoise contrebandière de tendances immorales et dissolues. Moteur, inspiratrice et agent très actif du désordre, la femme :

> Ce genre de vie
> éprouve la santé et anéantit ;
> pourtant tous l'apprécient,
> et se vautrent dans la seule nuit :
> les femmes en particulier,
> la nuit, se plaisent à veiller.
>
> Qu'elles se retrouvent jaunâtres, enlaidies
> par l'air infecté nocturne :
> elles sauront bien, nos donzelles,
> paraître à la lumière diurne
> le visage blanc, les lèvres rougies
> avec la céruse et le cinabre[21].

---

19. Ergasto Acrivio, *Le notti alla moda [Les nuits à la mode]*, in *Satirette morali e piacevoli [Satires morales et plaisantes]*, Foligno pour l'Imprimeur Tomassini, évêque, 1794, p. 71. Sous le pseudonyme de E.A. se cachait le père capucin Francesco Maria de Bologne.
20. *Ibid.*, p. 74.
21. *Ibid.*

Les milieux religieux et les intellectuels catholiques avaient la ferme conviction que la société était parvenue à un tournant crucial, que le « siècle du luxe[22] » s'acheminait rapidement vers une rupture avec les traditions, les principes, les mœurs du passé, que le temps était venu désormais d'un changement radical, d'un bouleversement sans précédent. Le monde inversé allait arriver. L'« étrange métamorphose » changerait l'image de l'homme.

> Je pense que notre siècle... n'est autre qu'une inversion, un renversement des siècles qui nous précédèrent : car à l'austère rudesse s'est substituée de nos jours une culture séduisante ; à la sanglante férocité, une molle féminité ; et à l'ignorante crédulité, une philosophie mécréante... Ce renversement de décor, ce changement de comparses, ne compte que quelques lustres — rappelait le frère carme Pier Luigi Grossi, 1741-1812 — et nous-mêmes en fûmes, pour la plupart, les admirateurs stupéfaits. Certains restes d'antiquité arpentent encore nos contrées d'un pas géométrique, se faisant, par leurs vêtements et leurs traits, les superstitieux ostentateurs de la rusticité de leur époque, et tout le jour, sévères et courroucés, ils lancent d'importunes invectives contre la mise gracieuse d'aujourd'hui et contre le sortilège séduisant de nos manières raffinées. Aussi ne sera-t-il pas dit que je dépenserai davantage de mots et de temps pour vous garantir l'étrange métamorphose que l'on a vue de nos jours dans la société civile[23]...

---

22. Giovambatista Roberti, *Lusso [Luxe]*, in *Quaresimale di celebri moderni autori italiani*, op. cit., vol. III, p. 153.
23. Pier Luigi Grossi, *Dei peccati del secolo XVIII [Des péchés du*

« L'étrange métamorphose » du « siècle funeste[24] » s'étalait aux yeux de tous : les « dépravations modernes » du « bon goût raffiné d'aujourd'hui[25] », l'« accablante culture dominante de la toilette et des manières », la « culture excessive... et la parade immodérée et luxuriante des vêtements », les « apparences enchanteresses des yeux et ensorceleuses des cœurs » de ces femmes « vaines et pompeuses » et des « hommes eux-mêmes parés d'une pompe toute féminine », l'« ajustement », les « mailles ajustées », l'« abjecte nudité[26] » et la « grandeur de l'habillement » avaient enseveli tout vestige de « chrétienne modération ».

La « molle féminité[27] », l'« interminable série des modernes atours féminins », « la plus lascive impudence », les « visites nocturnes souvent réitérées », la « liberté et la licence de la conversation dissolue », la « féminité moderne, minaudière », le « charme des manières enjôleuses », l'enchanteresse « vivacité d'esprit » des femmes, « certaines courtoisies brûlantes et mignardises langoureuses prodiguées

---

XVIIIe siècle], in *Quaresimale di celebri moderni autori italiani, op. cit.*, vol. I, pp. 94-96.
24. G. Piva, *Carattere del secolo XVIII, op. cit.*, vol. II, p. 67.
25. P. L. Grossi, *Dei peccati del secolo XVIII, op. cit.*, p. 95. Les citations qui suivent sont tirées du même sermon.
26. Francesco Franceschini, *Libero vestire delle donne [Du libre vêtir des femmes]*, in *Quaresimale di celebri moderni autori italiani, op. cit.*, vol. IV, p. 168.
27. P. L. Grossi, *Dei peccati del secolo XVIII, op. cit.*, p. 95. Les citations qui suivent sont tirées du même sermon.

tout le jour entre personnes de sexe différent », les
« doux appas », les « gracieuses attentions échangées dans les compagnies pleines de civilité », les
« langueurs affectées », les « afflictions et les soupirs » qui « fomentent le petit commerce des amitiés
mondaines », les « avides désirs d'un cœur voluptueux[28] », la « désinvolture dominante, que l'on
qualifierait mieux de licence ou de libertinage[29] »,
tout cela faisait regarder avec sympathie et regret la
jalousie, pourtant « détestable passion[30] ».

Ils n'étaient pas rares ceux qui, attachés à la
tradition, avaient vu, stupéfaits, « changer tout à
coup le décor[31] ». Le « mélange », la « confusion
des sexes[32] » semblaient avoir bouleversé les images
classiques de virilité et de féminité. Ayant perdu
toute modestie, les femmes avaient allongé et allégé
leur silhouette. Aux yeux de Pétrarque le revenant,
elles avaient

> trop rehaussé et crêpé leurs chevelures en les poudrant jusqu'à ce qu'elles soient toutes d'une même
> couleur, les ornant de fleurs, de feuilles, d'herbes,
> de plumes, avec des voiles, des rubans, et des

---

28. Pier Maria da Pederoba, *Fine dell'uomo [Fin de l'homme]*, in *Quaresimale di celebri moderni autori italiani*, op. cit., vol. II, p. 196.
29. Vincenzo Giorgi, *Matrimonio [Mariage]*, in *Quaresimale di celebri moderni autori italiani*, op. cit., vol. IV, p. 90.
30. *Ibid.*, p. 89.
31. *Ibid.*, p. 90.
32. S. Bettinelli, *Dialoghi d'Amore*, in *Opere edite e inedite in prosa ed in versi dell'abate S. B.*, op. cit., t. VI, p. 170.

> bandeaux à n'en plus finir; et en se peignant les joues, en se dessinant l'œil vibrant, en élevant la voix, il me semblait qu'elles se faisaient hommes, de même que ces derniers, en se vêtant de manière gaie et affectée, se faisaient femmes... Rien ne me surprit davantage que la liberté des épouses, au point d'avoir un vice-mari toujours à leur côté, les maris exigeant cela par une loi, lesquels commettraient une grande faute de rester auprès de leurs femmes [33].

Une nouvelle génération de femmes-fleurs était née, aériennes, légères, déliées comme des roseaux, agiles comme des papillons de nuit mais à la voix ferme et sûre. La légèreté était dans l'air.

Même la mode masculine avait adopté le goût féminin, les hommes allaient

> court-vêtus, pouvant ainsi lestement danser à chaque instant, leurs jambes étant visibles et libres de toute entrave, et leurs pieds impeccables, ornés de boucles étincelantes rehaussées d'or, et de ces pierres précieuses dont jadis nous ornions nos mains [34].

Les nouveaux rituels avaient pourtant été adoptés par l'ensemble de la société cultivée, riche, aristocratique. A la veille de la Révolution française paraît à Bologne, avec l'aval très autorisé du prestigieux

---

33. *Ibid.*, pp. 170-171.
34. *Ibid.*, p. 169.

Institut des sciences, *La toilette*, un élégant livret pour les noces, écrit, selon la tradition, à plusieurs mains (dont certaines célèbres et influentes), véritable hymne collectif aux cérémonials très élaborés de la composition de l'idole féminine et au jeu coloré et varié qui consistait à épier la nouvelle Vénus traversant les parcours sinueux d'une journée « moderne ». Des premières heures en « habit de toilette » aux lectures, des « lumières » aux « visites », le « déshabillé* » exaltant la beauté secrète en dévoilant les plus aimables nudités.

> Oh comment dire l'ensemble
> Des membres charmants,
> Que la vêture semble
> Dessiner si pleinement !
>
> Comme elle ne dérobe pas
> Aux regards furtifs d'autrui
> Les chauds ivoires vivants
> De son sein palpitant !
>
> Comme elle dévoile une parcelle
> De la longue et belle
> Et neigeuse jambe svelte
> Et son menu pied gracieux !
>
> De son pied, lui aussi paré
> De soies azurées, s'élance
> Dans la danse volubile
> Le messager d'Avril [35].

---

35. *La Toletta* à Bologne, à l'Institut des Sciences, 1788, p. XIX. Les vers sont de l'abbé de Rovereto, Clementino Vannetti.

Tous les instruments et les *topoi* de la beauté galante du XVIIIe siècle trouvent en cette « toilette » chorale leurs nobles chantres : la « qualité de l'habillement », le « cabinet de toilette », le « déshabillé* » naturellement, « le peigne », « le miroir », « le toupet et les boucles », les « épingles à cheveux », « la crème », « la poudre de Chypre », « la coiffe et les voiles », « les plumes », « les rubans », « les grains de beauté », « les parfums », « le chocolat », « les livres », « les visites », « les lumières », « le bon goût ».

« La face du monde civilisé avait changé » : « la barbarie des siècles passés était vaincue[36] » par une « suave chaîne de mutuels offices... par la culture séduisante dans les vêtements et les traits[37] ». Mais la mode inconstante et le « génie du commerce » avaient déplacé les caps et dévié les trafics, tandis que l'anglomanie et la francomanie, ayant ouvert la voie à de futiles et dispendieuses importations, avaient appauvri et presque mis à genoux les vieilles et glorieuses manufactures des anciens Etats italiens. L'économie vénitienne était désormais agonisante :

Nos arts, Seigneur, sont eux aussi volés
Par la main étrangère, que l'amour

---

36. P. L. Grossi, *Dei peccati del secolo XVIII*, in *Quaresimale di celebri moderni autori italiani*, op. cit., t. I, p. 104.
37. *Ibid.*

Rend plus habile au lucre. La pleine couleur
Ecarlate, le fil doux et dense
Or sont tissés par des navettes d'outre-monts ;
Les fours étrangers trempent et cuisent désormais
Ce qui de Murano était jadis de noble facture,
Cher aux Grâces et à Chloé, brillant outil,
Honneur de la toilette[38]...

La « toilette », dont les miroirs scrutés avec une morbide assiduité reflétaient les visages des « dames de qualité », était devenue le fétiche magique d'une société se découvrant galante jusque dans ses multitudes citadines. Les hommes y compris. D'outre-Manche arrivait le « bel éventail anglais » dernier cri, qui proposait des histoires de paladins au lieu des sempiternelles chinoiseries (« Là tu ne vois pas, peints à Pékin / par un pinceau barbare, des dragons et des pagodes[39] »). Des éventails qui, entre les mains des dames, au gré du rythme varié de leurs mouvements, devenaient à leur tour les miroirs des « passions » changeantes et multiples de celles qui les empoignaient : « Rien qu'à observer l'éventail à la main d'une dame bien disciplinée, je me vante — écrivait Magalotti à Tommaso Bonaventuri le 10 avril 1710 — de saisir aussitôt, sans voir son visage, si elle rit, si elle rougit, si elle est boudeuse. J'ai

---

38. F. Algarotti, *Epistole in versi [Épîtres en vers]*, in *Opere, op. cit.*, t. I, p. 59. « A S. E. le Seigneur Alessandro Zeno, Procureur de Saint-Marc. Sur le commerce. »
39. F. Algarotti, *Epistole in versi*, « A Phillis », *op. cit.*, p. 20.

parfois vu des éventails tant enragés que je tremblais de ce qui pouvait en être des galants qui les avaient provoqués, si par malheur ils venaient à tomber sous leur vent. A l'inverse, j'ai parfois vu des éventements si langoureux, si fervents que par amour de la dame mon cœur explosait, et que le galant s'en tenait éloigné à bonne distance pour ne point défaillir. Quoi qu'il en soit, cela suffit, me semble-t-il, à prouver que l'éventail est sagesse ou coquetterie, selon le tempérament de la dame qui le possède[40]. »

De l'autre côté des Alpes, la France déversait des fleuves de passementerie, de bimbeloterie, de chapellerie.

> Par le courrier fangeux arriva hier
> Celle qui s'est fait tant attendre,
> La belle âme fantoche de Paris,
> Qui de chaque villa fait s'élever en nuée
> « Les nobles dames dévotes d'amour ».
> Tu les verrais devant elles entasser
> L'andrienne, la coiffe, les rubans,
> L'immense vertugadin, et pièce par pièce
> Anatomiser, et jusque dedans et dessous
> Pousser les avides regards sous le jupon.
> Une très longue manche cette année
> Cache une part jalouse du bras ;
> Mais une nouvelle *mitaine* n'ose cacher

---

40. *Lettere familiari del conte Lorenzo Magalotti e di altri insigni uomini a lui scritte [Lettres familières du comte Lorenzo Magalotti et celles d'autres insignes hommes à lui adressées]*, Florence, Cambiagi, 1769, II, p. 190.

L'autre qui, transparente et noire,
Voile et accroît la sujette candeur[41].

De Hollande débarquaient sur les tables aristocratiques où les « vins étrangers / nés pour une noble soif » pétillaient dans les verres, les toiles les plus fines :

... sur les tables brillent
les très fins
lins blancs,
que les Hollandais,
hardis nochers,
amenaient sur les flots
pour les grands banquets[42].

La xénophilie des classes aisées s'alliait à « l'impudence des philosophes économistes » qui soutenaient que « les dames galantes suivant étroitement les modes se montrent beaucoup plus utiles à la société que les femmes charitables et chrétiennes[43] ».

---

41. F. Algarotti, *Epistole in versi*, « A Phillis », *op. cit.*, pp. 19-20.
42. Antonmaria Perotti, Egimo Afroditico pour les Arcadiens (frère carmélite de la Congrégation de Mantoue), *Gli imenei festeggiati nella deliziosa, e magnificentissima villa detta il Castellazzo*, in *Rime per le felicissime nozze del Signor Conte Don Galeazzo Arconati Visconti colla Signora Contessa Donna Innocenzia Casati [Les hyménées fêtés dans la délicieuse et munificente villa dite* il Castellazzo, in *Rimes pour les très heureuses noces du Comte Don Galeazzo Arconati Visconti avec la Comtesse Innocenzia Casati]*, Milan, Francesco Agnelli, 1744, p. 124. La brève citation sur la « noble soif » est tirée du même épithalame, p. 126.
43. Adeodato Turchi, évêque de Parme et comte, *Omelia intorno all'influenza delle vesti su la morale cristiana. Diretta al suo popolo nel giorno di Tutt'i Santi l'anno 1800 [Homélie à propos de l'influence des vêtements sur la morale chrétienne. Adressée à son peuple le jour de*

Quel mal y aurait-il — faisait remarquer Francesco Albergati Capacelli, un admirateur pourtant tiède des nouvelles tendances — si, sur vos cheveux que vous tenez négligemment noués par un ruban, on voyait par exemple plantée une simple mais élégante coiffe *à la baigneuse**, *à la laitière**, ou *à la voltaire** ? En quoi cela préjudicierait-il votre décorum, si vous laissiez flotter sur votre cou deux gracieuses boucles à la *du barry**, si vous portiez un *fichu* coupé et cousu par une de ces très belles jeunes filles qui travaillent les *fichus* dans les boutiques de Madame Nanette [Madame Nanette, bonnetière française très renommée à Milan, qui avait sa boutique en face de la rue des Rastelli]; et si, au lieu de ces lacets avec lesquels je vois vos chaussures attachées, vous aviez une belle paire de ces éternelles boucles à l'*artois**[44] ?

Les « grands », quant à eux, affichaient

une lassitude universelle envers les manufactures nationales, bien qu'exactes, bien qu'ingénieuses, bien qu'heureuses, et une capricieuse envie, voire

---

Toussaint de l'an 1800], in *Nova raccolta delle omelie e indulti di A. T. [Nouveau recueil des homélies et indults de A. T.]*, Parme, 1800, Rimini, G. Marsoner, 1800, p. 17.

44. *Lettere capricciose di Francesco Albergati Capacelli e di Francesco Zacchiroli dai medesimi capricciosamente stampate [Lettres capricieuses de Francesco Albergati Capacelli et de Francesco Zacchiroli, publiées capricieusement par eux-mêmes]*, in *Opere drammatiche complete e scelte prose di Francesco Albergati Capacelli [Œuvres dramatiques complètes et morceaux choisis de Francesco Albergati Capacelli]*, Bologne, Emilio Dall'Olmo, 1827, p. 203. La première édition des *Lettres capricieuses* est celle de Venise en 1780 (Pasquali). La note entre crochets est d'Albergati.

un désir frénétique d'effleurer tout ce qu'il y a de plus curieux et de splendide dans tous les genres d'habillement provenant, à travers monts et mers, des climats les plus lointains[45].

Les femmes, à leur tour, « fastueusement parées en tenue de gala », gémissaient « sous le poids de mitres démesurées, de cimiers gigantesques, de vertugadins, de bracelets d'or rehaussés de pierres précieuses, de rubans, si lourdes des plus riches ornements que le Prophète réel les assimilerait au plus honoré, au plus décoré des temples : *filiae eorum compositae, circumornatae, ut similitudo templi*[46] », ensorcelées par « les objets des grâces pour la toilette et les coiffures changeantes, et les divers parfums, et les cinabres et les miniatures du visage, et les innombrables garnitures des robes et des arrière-points, et cent autres nobles bagatelles les composant, et ce menu arsenal de stucs, de pendentifs, de broches, d'épingles, et cette mercerie portable de bijoux, de chapeaux, de panaches, de voiles, de dentelles, de rubans et de ces milles petites choses qui sont à la mode[47] ».

Dans sa candide stupeur et son indignation (non dénuée d'une grande et minutieuse compétence), le frère carme Pier Luigi Grossi oubliait que « la femme

---

45. P. L. Grossi, *Dei peccati del secolo XVIII*, op. cit., p. 97.
46. *Ibid.*
47. *Ibid.*, p. 102.

ne met le plus grand soin à s'habiller qu'afin de mieux amener l'homme à désirer la voir dévêtue[48] ». Et si même « un cynique très impudent fut contraint de confesser que la pudeur est la couleur de la vertu[49] », le « désir de nouveauté » qui avait contaminé la pieuse Italie au cours des ultimes décennies du XVIIIe siècle avait fait oublier que la pudeur était une « vertu chrétienne essentielle, et son opposé un abominable crime[50] ». Un tourbillon de choses inouïes bouleversait les coutumes jadis ordonnées et les solides vertus du peuple catholique. Libertinage, jacobinisme, incroyance, irréligion, esprit d'égalité, mépris des autorités. A Parme, certainement la ville la plus francophile d'Italie à l'ombre des lys bourboniens, l'évêque Adeodato Turchi (1724-1803), lors de son homélie prononcée le jour de la Toussaint 1794, identifiait dans « l'amour vicieux de nouveauté » l'agent secret corrupteur des mœurs et dévastateur d'un pays menacé par la déchristianisation, dansant au bord d'un « abîme de perdition ».

Nous déplorons aujourd'hui quantité de crimes et d'horreurs qui semblent résolument nouveaux et qu'aucun siècle sans doute ne vit jamais. Mais quel siècle plus que le nôtre fut jamais agité par une telle fureur de nouveauté ? Nouvelle manière de penser,

---

48. F. Algarotti, *Pensieri diversi*, in *Opere, op. cit.*, t. VII, p. 57.
49. A. Turchi, *Omelia... recitata nel giorno di Tutt'i Santi dell'anno 1794 sopra l'amore di novità*, Rimini, G. Marsoner, p. 8.
50. *Ibid.*

nouvelle manière de converser, nouvelle manière d'agir. Ce furent de petites nouveautés qui ouvrirent dès le début cette tragique scène. De nouveaux systèmes, qui séduisaient pour la seule raison qu'ils étaient nouveaux. De nouveaux vocables qui atténuaient l'horreur du vice et l'estime de la vertu. Nos aînés ne savaient pas vivre : tout ce qui était vieux fut considéré comme un abus : on fit croire aux simples et aux libertins que pour être heureux, il fallait substituer de nouvelles lois, de nouvelles coutumes, de nouvelles maximes aux lois, aux coutumes et aux maximes anciennes. L'esprit de nouveauté devint une fureur. On échangea le solide pour le léger, l'honnête pour l'abject, l'utile pour le pernicieux[51]...

A ce furieux et pervers amour de la nouveauté s'alliait la plus irrépressible inconstance qui accroissait « l'excès de dépenses[52] » par l'évolution continuelle des « modes très changeantes » et « la versatilité du luxe somptueux » raillant les « modes des ancêtres », « rudes et alpestres » (Parini), méprisant les « siècles antérieurs ». Versatilité et irrationalité, *rêverie* * incohérente et *raison** arrogante. Déraisonnable, cette passion alarmante pour les petits riens futiles, pour les besoins feints, illusoires. Irrationnelle, cette « lassitude universelle envers les manufactures nationales », incompréhensible cette

---

51. *Ibid.*, pp. 9-10.
52. G. Roberti, *Lusso, op. cit.*, p. 156. Les citations qui suivent sont tirées du même sermon.

« grande passion » incontrôlable pour les « infimes bagatelles », pour les « objets frivoles et légers », stupéfiante, cette envie capricieuse et bizarre de « cent mille gracieuses babioles ». Le « raffinement » des commodités de la vie était l'objectif des nations « cultivées », rivalisant pour « élever une telle élégance de goût à la dignité de science ». L'« esprit de délicatesse » avait développé chez les classes supérieures un « épicurisme noble et fin », voire « honnête et décent », comparé aux plaisirs tumultueux et désordonnés des nouveaux riches, incultes et grossiers. Mais il était très facile de passer « de la délicatesse à la volupté, de la morbidesse à la corruption, de la sensibilité à la sensualité ».

> Force est de constater que cette chair pécheresse trop caressée par la nourriture, le vin, le sommeil, l'harmonie, la fragrance, devient impérieuse et l'emporte sur la raison. Ah! combien sont injustes — s'exclamait l'ex-jésuite comte-abbé Roberti, qui évaluait avec beaucoup de bon sens les processus de transformation de son époque — certains calculs injurieux pour la liberté et la grâce[53].

La course à la consommation frivole, la recherche du plaisir dans l'abondance des biens matériels (le « consumérisme » effréné d'aujourd'hui), dans ce que l'on appelait les « ornements de la vie », à

---

53. *Ibid.*, p. 155.

laquelle tout gentilhomme se livrait, aspirant ainsi à devenir un « ingénieux pour être ensuite un délicieux », avaient franchi les frontières de la noblesse et de la haute bourgeoisie pour atteindre et contaminer les personnes d'origine obscure et de basse condition, les gens quelconques. L'hédonisme de masse faisait alors ses premières apparitions. Même l'air des villes avait changé.

> Une chose est sûre, du moins à l'intérieur des villes, une espèce de paresseuse mollesse, qui entrecoupe un bref travail d'une longue oisiveté, s'insinue dans les entrepôts et les officines, non sans détriment pour les arts et non sans plaintes des citadins. Le peuple, d'une même voix, demande du pain et des spectacles ; et il semble exiger comme étant son droit le théâtre, la promenade, le banquet, le jeu, la danse, l'assemblée. Chaque ville veut se vanter d'être une terre de femmes joyeuses et d'hommes divertissants. *Terra suaviter viventium*[54].

Que ce fût dans la « qualité de la vie », ou dans la façon de se vêtir, chacun voulait « franchir les limites imposées par la naissance et le grade ».

> La vie civile a aujourd'hui des poids insupportables et des décences tyranniques ; en effet, à cause précisément des vêtements, on distingue mal le simple citoyen du patricien, l'artisan famélique du commerçant opulent, la mégère ignoble de l'illustre

---

54. *Ibid.*, p. 153.

matrone : car les multiples conditions, et même les deux sexes, conspirent pour se surpasser dans la splendeur de la parure, si bien que dans les draperies, les broderies, les tissus, les garnitures, les étoffes, l'ambition, la susceptibilité, la rivalité ont dépassé toute limite[55].

La « science du savoir vivre » que seuls quelques-uns avaient connue et pratiquée par le passé, les délicatesses que tant d'« aînés » (les ancêtres) avaient ignorées, étaient désormais à la portée de tous ces gens qui, dans le bouleversement universel des « États » et des classes, avaient réussi à s'enrichir.

La villégiature cessait d'être le privilège d'une élite, et la bonne chère le monopole des grands aristocrates. Parallèlement aux deux autres, antiques et classiques, du peuple et de la noblesse, une troisième cuisine naissait et s'imposait de plus en plus : celle de la classe moyenne (cette classe moyenne d'« avocats, de marchands et de scribes » que Vittorio Alfieri appelait avec mépris la « classe des plus laids », « non pas classe moyenne, non, mais demi-plèbe ») et de la petite-bourgeoisie artisanale, une cuisine différente de celle des Lumières, des tables délicates et raffinées des intellectuels de haute extraction et des aristocrates. Sur les collines bolonaises

---

55. P. L. Grossi, *Dei peccati del secolo XVIII, op. cit.*, p. 97.

Quand s'approche l'été
Les villas s'emplissent
De brigades allègres
Pour couler des heures tranquilles
Au sommet d'amènes collines
Ou au creux d'une petite vallée.

Et seuls ne s'y rendent pas
Les nantis ou les seigneurs.
Les marchands ont un pavillon
Comme les artisans vils et bas :
Le brocanteur et le tailleur,
Le barbier et le forgeron.

En joyeuse compagnie,
On va là-bas pour être à la fête,
Et foin des dépenses,
Chacun s'apprête à mener grand train,
Tous invitent des commensaux,
Et l'on se vautre, et l'on se délecte.

Pour la table, on recherche
Les mets les plus exquis.
Cailles, tourterelles, pigeons,
Figues savoureuses,
Mortadelle et saucisson,
Fritures, pot-au-feu, fougasse.

Parfois, un bon ragoût
De gnocchi ou de tortellini
Vient s'y ajouter : et selon le bon plaisir
De l'hôtesse, il y a des vins
Etrangers de mille espèces,
Même de l'île de Vénus.

On dresse maint plat
Sur l'opulente table de l'artisan :
Et Madame se rengorge
Et dispense ses grâces
Et s'excuse : *elle dit :*
Vous me prenez au dépourvu[56].

Il y a la tourte, et au dessert
Les dragées et les confiseries,
Il y a les fleurs d'un parterre
Et les fruits les plus choisis :
Et si l'on veut du fromage, le *marzolino*
Ou le parmesan ou le *stracchino*.

Après déjeuner, le café
Et le rossolis noir et blanc :
La jeune fille au toupet
Tient les tasses ou les verres,
Tandis que sa mère verse
L'eau turque ou l'eau de Perse[57].

---

56. La phrase en italique est en dialecte romagnol dans le texte original.
57. Ergasto Acrivio, *Le villeggiature [Les villégiatures]*, in *Satirette morali e piacevoli*, *op. cit.*, pp. 37-39.

Bons cuisiniers et habiles coiffeurs

« L'époque de la vie molle et paresseuse qui règne aujourd'hui » a débuté quand, « avec les armées étrangères, s'insinua en Italie l'effémination dans l'âpreté des épées et l'oisiveté dans la fureur des canons [1] ». L'auteur de ces considérations, le comte-jésuite Giovan Battista Roberti (1719-1786), observateur subtil des évolutions du goût et analyste attentif des transformations de la société civile du XVIIIe siècle, savait pertinemment que l'hégémonie culturelle et l'internationalisme culinaire français étaient étroitement liés à l'expansionnisme militaire et à la politique dynastique des Bourbons, ainsi qu'à la vivacité affranchie des salons intellectuels parisiens. La France exportait des canons et des idées : en même temps que ses baïonnettes, l'*Armée** impo-

---

[1]. Giovambatista Roberti, *Lettera sopra il canto de' pesci [Lettre sur le chant des poissons]*, in *Raccolta di varie operette del Padre G. R. della Compagnia di Gesù [Recueil de diverses œuvres du père G. R. de la Compagnie de Jésus]*, Bologne, Lelio dalla Volpe, imprimeur de l'Institut des sciences, 1767, t. II, p. XIII.

sait alentour livres et cuisiniers, *philosophes** et *chefs de cuisine**. Les traités de cuisine française soulignaient par leurs titres l'héroïsme personnalisé et l'incomparable orgueil nationaliste de la nouvelle invasion gauloise : *Le cuisinier roial et bourgeois* de Massialot (1691, première traduction italienne, 1741), *Le cuisinier français* de François Pierre, Sieur de la Varenne (1651, première traduction italienne, Bologne 1693), les ouvrages les plus connus en Italie, mettent en vitrine non seulement « l'art de bien cuisiner », mais aussi l'artiste au service du roi, le service national-culinaire, l'abatteur-spadassin qui embroche faisans et perdrix, le manipulateur-inventeur (après la révolution et la prise de pouvoir du beurre) d'heureuses combinaisons de sauces nouvelles, de nouvelles « munitions de bouche » : le *cuisinier** nouveau fait majestueusement son entrée, plus exactement *le cuisinier français**, cuisinier et toujours français, orgueilleusement français, tel « le Sieur de la Varenne, Escuyer de cuisine de Monsieur le Marquis d'Uxelles* ». *Escuyer de cuisine**, pas un quelconque chef, esclave des fourneaux, lié à la tradition corporatiste des anonymes maîtres de nobles fourneaux, non, un fier écuyer pour qui les guerres culinaires contre les cerfs et les sangliers représentent un agréable dérivatif aux campagnes militaires de la glorieuse chevalerie féodale des *conquérants**, des furieux et hautains seigneurs de la guerre de la plus puissante et belliqueuse *armée** d'Europe.

Ce n'est pas un hasard si *Le cuisinier français* prévoit une longue série d'« entrées qui se peuvent faire dans les Armées ou à la campagne* ». *Entrée en guerre / entrée de table**, début de la mêlée, du corps à corps culinaire. Et l'entrée est en effet le premier plat après le hors-d'œuvre ou le potage (aujourd'hui presque disparu de la table française).

« Le charbon nous tue — s'était exclamé un jour l'héroïque Carême — mais qu'importe! Avice! moins d'années et plus de gloire*[2]. » Et pour la patrie et la gloire culinaire, « les enfants* » et les « brigades* » de cuisine, guidées par d'invincibles cuisiniers, se battaient avec une fougue et une fureur épiques : « La pâtisserie est fort difficile à travailler et fort dangereuse — avait coutume d'affirmer un autre "maître" historique, Laguipierre —, en conséquence la profession est honorable! c'est un combat continuel*[3]. »

Le banquet équivalait à une bataille à l'issue incertaine : il était nécessaire que le cuisinier, stratège aguerri, disposât de bonnes réserves afin de réduire au minimum les risques. Pour cela, il fallait toujours garder à l'esprit « ce principe éternel qu'il en est d'une fête gastronomique comme d'une armée, on ne sait jamais au juste ce que l'on aura sur

---

2. Cité de De Cussy, *L'art culinaire*, in *Les classiques de la table à l'usage des praticiens et des gens du monde*, collectif, Paris, Martinon, 1844, p. 263.
3. *Ibid.*

les bras : il faut avoir de splendides réserves !*⁴ ».
Parce que les réserves lui avaient manqué (un arrivage tardif de poisson frais, ou — selon une autre version — un rôti mal cuit), « maître* » Vatel n'avait eu d'autre choix que le suicide afin de laver dans le sang la honte de cette *débâcle** conviviale. La « fête gastronomique* » pour certains virtuoses de la cuisine française pouvait s'achever en un sanglant hara-kiri. L'exemple de Vatel, « homme du devoir et de l'étiquette*⁵ », resta heureusement un noble cas isolé. Et son talent vainement gaspillé (dont par ailleurs le marquis de Cussy, éternel insatisfait, se permettait de douter) renaquit avec plus de force encore. La grande tradition continua jusqu'à atteindre d'incomparables sommets. Après les dernières sombres années de l'interminable règne de Louis XIV, époque de grand « décor de la table* » et de cuisine soignée et somptueuse mais dépourvue de « sensualisme épicurien*⁶ », après le déclin du Roi Soleil, la suprématie française devint inégalable.

« C'est le seul pays du monde — affirmera plus d'un siècle après avec une admirable modestie Antoinin Carême, maître incontesté de l'ère napoléonienne et de la Restauration — pour la bonne chère*⁷. » Ce juste orgueil de coryphée ne l'empêchait cependant

---

4. *Ibid.*, p. 257.
5. *Ibid.*
6. *Ibid.*
7. Marie-Antoinin Carême, *Aphorismes, pensées et maximes*, in *Les classiques de la table*, *op. cit.*, p. 363.

pas d'écrire certaines réflexions pleines de sagesse sur son métier, difficile et fatigant, en mettant en relief les rapports étroits entre l'art de tromper la faim (en confondant le sain appétit de l'estomac avec celui du palais, insidieux et perfide) et les astuces de la diplomatie.

Non seulement « le diplomate est fin appréciateur d'un bon dîner » — affirmait-il dans ses *Aphorismes, pensées et maximes* — mais « l'art culinaire sert d'escorte à la diplomatie européenne*[8] ». « L'architecte pâtissier » n'avait pas servi en vain la maison du prince Charles Maurice de Talleyrand, maître incontesté de la science de la survie à tout prix et en toute circonstance.

Peut-être s'agit-il d'un hasard, mais il est établi avec certitude que la grande saison de la haute cuisine française avait débuté avec les travaux pour le traité d'Utrecht, en se perfectionnant aux tables des plénipotentiaires. Ce fut aussi l'*âge d'or** de la pâtisserie. Carême — que lady Morgan jugea être un « homme bien élevé* » —, habile dessinateur et expérimentateur des écoles culinaires européennes, n'avait aucun doute sur cette datation. Le grand réformateur néo-classique de la science des proportions appliquée aux saveurs avait appris les principes architecturaux chez les classiques italiens — Vignola, Palladio, Scamozzi — et il s'était humble-

---

8. *Ibid.*

ment rendu en pèlerinage à Vienne, Varsovie, Saint-Pétersbourg, Londres, Rome, Naples et même en Suisse afin d'apprendre les secrets du métier. Peut-être exagérait-il lorsqu'il écrivait : « Il existe cinq beaux-arts : la peinture, la poésie, la musique, la sculpture et l'architecture, dont la branche principale est la pâtisserie. » Toutefois, il savait parfaitement que la pâtisserie française s'était raffinée dans les cuisines des plénipotentiaires qui avaient négocié la fin de la guerre de Succession d'Espagne.

> Les pâtissiers faisaient alors les délices de la cour du plus galant des rois, et jouaient un rôle dans la société. On y remarquait leur bonne tenue : ils se répandirent aussi en Europe dès que la diplomatie devint une science consentie, après les haltes des batailles*[9].

Mais ce furent surtout les années de la Régence (1715-1723), vécues sous la « douce autorité du bon régent... à l'éclat de ses petits soupers*[10] », qui firent prendre son envol à la cuisine de France : « C'est aux cuisiniers qu'il [Philippe d'Orléans] fit naître, qu'il paya et traita si royalement et si poliment, que les Français durent l'exquise cuisine du dix-huitième siècle*[11]. » Plus qu'une éclosion, ce

---
9. Cité de de Cussy, *L'art culinaire*, op. cit., p. 263.
10. *Ibid.*, p. 257.
11. *Ibid.*

fut un éclatement, une explosion imprévisible de raffinement combiné à la joie de vivre et au plaisir subtil de la conversation brillante. Cette science des saveurs conféra une verve extraordinaire à la culture du siècle et fournit un propulseur inégalable aux idées pétillantes des philosophes et des dames intellectuelles.

> Cette cuisine, tout à la fois savante et simple, que nous possédons perfectionnée, fut un développement immense, rapide et inespéré. Tout le siècle, ou plutôt toute sa partie délicate et spirituelle, fut séduit par elle. Loin d'arrêter ou d'obscurcir l'intelligence, cette cuisine pleine de verve l'éveilla : toute affaire sérieuse et féconde fut discutée et faite à table. La conversation française, ce modèle qui fit lire partout nos bons livres, trouva sa perfection à table, dans quelques soirées charmantes*[12].

« La table, observait Montesquieu, ne contribue pas peu à nous donner cette gayeté qui, jointe à une certaine familiarité modeste, est appelée *politesse*. Nous évitons les deux extrémités où donnent les nations du Midi et du Nord : nous mangeons souvent ensemble, et nous ne buvons pas avec excès[13]. » Cette complaisance sur la politesse naissant à table aurait paru inopportune à Giacomo Leopardi, par vocation et par principe.

---

12. *Ibid.*, pp. 257-258.
13. Montesquieu, *Cahiers* 1716-1755, *op. cit.*, p. 236.

Nous avons délaissé — notait-il dans son *Zibaldone* par une journée caniculaire de juillet 1826 alors qu'il se trouvait dans une ville célèbre pour sa douceur de vivre et l'aimable convivialité de ses habitants — l'usage très naturel et très joyeux du banquet et nous parlons en mangeant. Or, je ne peux me mettre en tête que cette unique heure du jour où l'on a la bouche empêchée, où les organes extérieurs de la parole ont une autre occupation (occupation fort intéressante, dont il importe au plus haut point qu'elle soit bien faite, car de la bonne digestion dépend en grande partie le bien-être de l'homme, son bon état corporel, et partant, mental et moral ; or la digestion ne peut être bonne si elle n'est pas bien commencée dans la bouche, selon le fameux proverbe ou aphorisme médical), cette heure, donc, soit justement celle où l'on ait plus que jamais à parler ; car nombreux sont ceux qui, consacrant à l'étude ou à la retraite pour une cause quelconque tout le reste du jour, ne conversent qu'à table, et seraient *bien fâchés** de se retrouver seuls et silencieux à cette heure-là. Mais moi qui ai à cœur la bonne digestion, je ne crois pas être *inhumain* si, à cette heure-là, je veux parler le moins possible, et si donc je déjeune seul. D'autant plus que j'entends pouvoir avaler ma nourriture selon mon propre besoin et non selon celui des autres, lesquels souvent dévorent et ne font rien d'autre qu'enfourner et engloutir. Et si leur estomac s'en contente, il ne s'ensuit pas que le mien doive s'en contenter, ainsi qu'il le faudrait pourtant quand on mange en compagnie, afin de ne point laisser attendre et d'observer la *bienséance** que les Anciens, je crois, négligeaient plutôt en cette circonstance : autre raison pour laquelle ils faisaient très bien de manger en compagnie, comme j'estime faire excellemment en mangeant tout seul.

C'est une opinion non seulement historiquement documentée (précédée d'une distinction précise entre deux actions, « manger ensemble » et « boire ensemble » en usage chez les Anciens grecs et romains, la deuxième étant « pratiquée par eux après le repas, comme le font aujourd'hui les Anglais, et accompagnée tout au plus d'un grignotage de quelque menue nourriture afin d'aiguiser l'envie de boire ») mais aussi très respectable pour sa logique impeccable et le style de son argumentation. Beaucoup plus heureuse et mieux articulée que certaines réflexions de Montesquieu qui, lorsqu'il évoque la table, n'évite ni les banalités ni les contradictions. « Le souper — écrivait l'inégalable auteur des Lettres persanes — tue la moitié de Paris ; le dîner, l'autre [14]. » Mais aussitôt après, il ajoutait : « Les dîners sont innocents ; les soupers sont presque toujours criminels [15]. »

Notre baron cultivé venu de l'Ouest exagérait car Paris était à la fois « la capitale de la sensualité la plus distinguée* » et « de la gloutonnerie la plus dégoûtante* », tout comme ce pouvait être simultanément celle « du bon goût et du mauvais, de la cherté et des prix modérés*[16] ». Montesquieu considérait cependant que son pays était la terre idéale pour entretenir le rapport le plus heureux avec la « *bonne*

---

14. *Ibid.*, p. 189.
15. *Ibid.*, p. 190.
16. De Cussy, *Les classiques de la table, op. cit.*, p. 287.

chère* » parce que — écrivait-il — « c'est une bonne chose de vivre en France : les mets sont meilleurs que dans les pays froids, et on y a meilleur appétit que dans les pays chauds[17] ». Toutefois, il approuvait sans condition (et à juste titre) ceux qui soutenaient que « la médecine change avec la cuisine[18] ».

Les Français ont un palais difficile : mais Jean-Jacques Rousseau a raison de dire dans l'*Emile* : « Les Français croient être les seuls à savoir manger ; je dirais, au contraire qu'ils sont les seuls qui ne savent pas manger » ; car il suffit aux autres pour bien manger d'avoir une bonne nourriture et un bon appétit, mais il faut en sus aux Français un bon cuisinier. Un jeune grand seigneur italien vivant à la française en toute chose — racontait malicieusement le comte Roberti, toujours ironique envers le « français affecté » — se plaignait un jour à moi d'être sans son cuisinier français, qu'il avait l'habitude d'emmener partout dans ses voyages : « Je vous assure — me dit-il — que je suis incapable de manger ne serait-ce qu'un poulet bouilli, s'il n'est cuit par lui ou par un professeur à lui semblable. » Ces grands seigneurs ont bien des malheurs ! Moi je mangerais non pas un poulet, mais un chapon, fût-il cuit par la fermière. Aux temps d'Auguste, les cuisiniers prisés étaient Siciliens : aujourd'hui, ces hommes importants, ces chimistes domestiques si appréciés doivent être Français ou pour le moins

---

17. Montesquieu, *Cahiers* 1716-1755, *op. cit.*, p. 166.
18. *Ibid.*, p. 190.

Piémontais. Et pourtant (qui le croirait ?) l'art de la cuisine est, lui aussi, arrivé en France en provenance d'Italie sous Henri II, quand tant d'Italiens accompagnèrent la Reine Catherine de Médicis. Mais les Français, qui ne peuvent nier cela, pourraient répondre avec les mots de Tite-Live (liv. XXXIX) : « Vix tamen illa quae tunc conspiciebantur, semina erant futurae luxuriae. » Maintenant, ils règnent sur la science des saveurs du Septentrion au Midi[19].

Donc, si le cuisinier n'est pas français, il n'est pas cuisinier. C'est uniquement si ces « chimistes domestiques », ces seigneurs de la « science des saveurs », descendent de Vercingétorix que l'on est autorisé à parler d'art culinaire. Français, « ou pour le moins Piémontais ». Voilà pourquoi le premier livre de cuisine qui, après un siècle de silence, reparaît sur la scène italienne (la première édition de l'*Art de bien cuisiner [L'arte di ben cucinare]* de Bartolomeo Stefani semble avoir été publiée en 1662) s'intitule *Le cuisinier piémontais perfectionné à Paris [Il cuoco piemontese perfezionato a Parigi]* (Turin, 1766), un texte qui ouvre le vif et heureux chapitre franco-piémontais dans le livre de notre cuisine nationale. Probablement du même auteur anonyme, on a *Le confiseur de bon goût [Il confetturiere di buon*

---

19. G. Roberti, *Ad un professore di Belle Lettere nel Friuli [A un professeur de Belles-Lettres au Frioul]*, in *Raccolta di varie operette dell'Abate Conte G. R.*, Bologne, Lelio dalla Volpe, 1785, t. IV, pp. VI-VII.

gusto] (Turin, 1790) qui met en vitrine toutes les délicatesses de la pâtisserie piémontaise (pâte de Turin, pâte savoyarde à la provençale, pâte de Savoie à la piémontaise, biscuits de Savoie, biscuits savoyards à la provençale...). La tradition continuera au XIXe siècle, avec *Le cuisinier piémontais [Il cuoco piemontese]* (Milan, 1859) ; *Le cuisinier milanais et la cuisinière piémontaise [Il cuoco milanese e la cuciniera piemontese]* (Milan, 1859) ; et le *Traité de cuisine, de pâtisserie moderne, de buffet et de confiserie [Trattato di cucina pasticceria moderna credenza e relativa confetturería]* (Turin, 1854) de Giovanni Vialardi, aide-chef cuisinier et pâtissier de Charles-Albert et de Victor-Emmanuel II. Un chapitre piémontais au temps du Risorgimento, un peu ignoré et marginal dans l'histoire de la cuisine italienne, périphérique comme le royaume de Sardaigne, qu'aujourd'hui seulement, après l'éblouissante exposition de porcelaines et d'argenteries des Savoie, on commence à revisiter à la lumière de connaissances plus fines et pénétrantes qui détruisent enfin le stéréotype des rois montagnards et des rustres ducs de la vallée. Les raffinements architecturaux des Savoie du XVIIIe siècle se prolongeaient subtilement dans l'exquise élaboration de leur table et surtout du buffet et de la pâtisserie : des délices bien connues de l'Italie seigneuriale de cette époque et de la noblesse non piémontaise qui voyait en la cour de Turin « un arbitre pour nous tous de maintes élégances — ce sont les mots du comte-jésuite G. B. Roberti —, dont descendent aussi bien les bons cuisiniers que les habiles coiffeurs[20] ».

La longue période de latence et de silence des traités culinaires italiens est révélatrice d'une transition critique prolongée qui accompagne et souligne les mutations de la société. La table italienne (celle, évidemment, de l'aristocratie et de la grande bourgeoisie) entre dans une période de réflexion, de revirement, de transformation. La vieille et glorieuse tradition essayiste de la Renaissance et du Baroque ne répond plus à la nouvelle demande d'un plaisir équilibré et mesuré. La cuisine monumentale des cours et celle somptueuse, massive, fastueuse, oppressive et subrepticement funèbre des tables seigneuriales, nobiliaires, cardinalices de l'ancienne société ne satisfont plus les nouvelles tendances, le besoin de « simplicité élégante[21] » : le « luxe exquis et solennel » du XVIIe, la « prodigalité inconsidérée », l'« excessive libéralité » de la « vieille manière » (ce sont toutes des expressions de G. B. Roberti[22])

---

20. G. Roberti, *Risposta del padre G. R. al conte di S. Rafaele* [*Réponse du père G. R. au comte de San Rafaele*], in *Scelta di lettere erudite del padre G. R.* [*Choix de lettres érudites du père G. R.*], Venise, Imprimerie d'Alvisopoli, 1825, p. 217.

21. G. Roberti, *Lettera a sua Eccellenza Pietro Zaguri sopra la semplicità elegante* [*Lettre à Son Excellence Pietro Zaguri sur la simplicité élégante*], in *Raccolta di varie operette dell'Abate Conte G. R.*, op. cit., t. IV, pp. I-XVIII.

22. Voir la *Lettre à un vieux et riche feudataire sur le luxe du XVIIIe siècle* [*Lettera ad un vecchio e ricco feudatario sopra il lusso del secolo XVIII*], in *Scelta di lettere erudite del padre G. R.*, op. cit., pp. 119-149.

doivent maintenant compter avec un « goût de l'élégance[23] » nouveau et pondéré. Le XVIIIe siècle se mesure continûment au XVIIe, et pour le style de cuisine (comme pour le style littéraire) s'ouvre un temps de réflexion intense, un processus critique de révision et de détachement du passé. La « querelle des anciens et des modernes* » se transfère de l'écritoire à la table. L'esprit d'Arcadie, en passant par le *boudoir** de la dame « nonchalante », s'insinue sur les tables du seigneur « très doux et délicat », de la femme « très affectée et délicieuse ».

---

23. *Ibid.*, p. 121.

Le siècle épuré

Les « beaux-arts », en abandonnant les formes pesantes et enflées du baroque, se font plus élancés, gracieux, légers : les jeux de perspective des salons s'ouvrent sur des toiles de fond aériennes, les plafonds dévoilent des cieux azurés où planent quelques rares nuages blancs, les intérieurs des maisons patriciennes rationalisent les espaces, les meubles s'affinent et leurs lignes déliées et nerveuses resplendissent de surfaces laquées ou marquetées. Le style rococo et, plus encore, la poétique néo-classico-sensualiste exigent une noble simplicité, un décor aride. Le « bon goût » dicte ses nouvelles lois au nouveau « génie » des temps. De la même façon, la cuisine réformée des Lumières exprime le *Lebensgefühl* du siècle naissant, le besoin de corps allégés, secs et lestes (comme les idées et l'esprit nouveaux, rapides et alertes) par rapport aux masses charnelles épanouies et peu solides de l'époque précédente, en interprétant la gestualité différente et le nouveau sens du mouvement des corps. Les vêtements masculins, amples, redondants, évasés à partir de la taille, se rétrécissent et s'effilent. Taillés auparavant de façon à faire paraître plus grands, majestueux et imposants leurs propriétaires, les habits se resserrent et s'ajustent en général sur des proportions proches de la stature de celui qui les porte. Dès la seconde moitié du XVIIe siècle, l'ajusté éclipse le bouffant, le *culotté** détrône les chausses larges.

La cuisine de la vieille société avec ses plats « patriarcaux » ne satisfait plus le goût nouveau, la demande croissante de « simplicité élégante ». Le « luxe exquis et solennel », le « faste indocile », la « prodigalité inconsidérée », « l'excessive libéralité » de la « vieille manière » doivent compter avec un nouveau « goût de l'élégance », mesuré et pondéré. Le « goût du siècle » — « ce siècle épuré qui est le nôtre[1] », ainsi que l'écrivait Francesco Algarotti, le « Cygne de Padoue », l'œil le plus pénétrant du XVIIIe, auteur du *Congrès de Cythère*, fin amateur d'art et de toute forme de beau — rééquilibre par des dosages médités et éclairés les statuts de la table, invente de nouveaux ustensiles, prescrit de nouveaux rythmes, inaugure de nouveaux cérémonials, bannit des mets jugés non seulement obsolètes mais aussi nocifs et surtout socialement inconvenants et vulgaires, tels que l'ail, l'oignon, les choux et — il fallait s'y attendre — les fromages. En revanche, cet

---

1. Francesco Algarotti, *Pensieri diversi [Pensées diverses]*, in *Opere del conte Algarotti edizione novissima [Œuvres du comte Algarotti, nouvelle édition]*, Venise, Palese, 1792, t. VII, p. 148.

éloge de la « frugale table ordinaire » et de sa « saine simplicité » mécontente ceux qui avaient connu la largesse, voire la grandeur, la munificence, la pompe et la splendeur de la table du XVIIe. Le vieux comte feudataire que l'abbé Roberti choisit comme destinataire de sa lettre sur « le luxe du XVIIIe siècle » soutenait sans aucune hésitation que

> l'on mangeait mieux au XVIIe siècle que maintenant, bien que la table n'offrît aux yeux ni tant de sauces, ni tant de couleurs, ni tant de formes, ni tant de noms mensongers et étranges... Nos veaux élevés au bon lait, nos bœufs engraissés au foin odorant, nos poulets se développant lentement, bien nourris dans la molle oisiveté de leurs grandes cages, puis notre sauvagine et notre gibier composaient des repas sains et savoureux. Les plats que vous avez coutume d'appeler patriarcaux, d'une chasse choisie, dépassent tout le savoir de toutes les écoles des officiers de bouche. Je défie — dites-vous — Marzialò [Massialot, auteur de *Le cuisinier roial et bourgeois*, l'un des plus importants précurseurs de la cuisine Régence], grand maître dans l'art des aliments, de me préparer une bécasse jeune et charnue, ou une douzaine de becfigues fins et dodus. La méthode de ne manger constamment que l'excellence de la viande, des poissons, des verdures, des oiseaux, du gibier et des fruits selon les saisons appropriées et aux temps opportuns de leur grosseur et de leur maturité, fut, et serait aujourd'hui encore, une méthode dispendieuse, agréable et éminemment seigneuriale[2].

---

2. Giovambatista Roberti, *Lettera ad un vecchio e ricco Signore feudatario sopra il lusso del secolo XVIII*, op. cit., pp. 124-126.

Le processus de mutation de la table s'insère dans le contexte plus vaste de l'évolution économique italienne, de la naissance d'une conscience financière plus réaliste, d'un idéal économique rationalisateur des échanges et de la consommation, qui influe profondément sur le style nobiliaire baroque, très sensible à la magnificence, à la splendeur scénographique des apparats et des pompes[3].

A la « prodigalité inconsidérée » du siècle précédent succède la « délicate somptuosité », peu encline à la folie de la dissipation et du gaspillage qui, au XVIIe siècle, avait brûlé les ressources et les capitaux avec une grande légèreté, au mépris de toute logique économique, par pure ostentation de grandeur aristocratique. Le rapport à la nourriture change, on regarde les aliments d'un œil nouveau. Le goût se transforme, on condamne l'excès et le faste comme des indices de dérèglement irrationnel, on théorise le bon goût à l'aune de la sobriété mesurée. Les dépenses exorbitantes ne sont plus la démonstration du luxe et de la libéralité.

> Si pour être luxueux il suffisait de dépenser — telles étaient les sages réflexions de l'abbé Roberti —, quel repas plus fameux par le luxe que celui qu'offrit au siècle passé Boullion, ministre d'État à

---

3. Cf. Peter Burke, *Il consumo di lusso nell'Italia del Seicento [La consommation de luxe dans l'Italie du XVIIe*, in *Scene di vita quotidiana nell'Italia moderna [Scènes de vie quotidienne dans l'Italie moderne]*, Bari, Laterza, 1988, pp. 169-189.

> la cour de France ? Celui-ci imagina de présenter à table des plats assaisonnés et chargés de pièces d'or et d'argent, invitant et incitant ses commensaux à les ramener devant eux en abondance d'une cuiller volontaire, et même d'y mettre les mains sans peur de se les salir[4].

Le nouveau « goût de l'élégance » imprime une stratégie différente à la « tactique de la table », laquelle cependant s'était déjà modifiée spontanément, sans l'intervention des illuministes du « Café », dont la « réforme » se limite à entériner un changement advenu, à fixer des attitudes déjà répandues, à codifier l'existant, en suivant le flux des choses et l'évolution des formes de la vie sociale.

Un vieux libertin comme Saint-Evremond, mort exilé en Angleterre en 1703, maître pour toute une génération en « science des plaisirs*[5] », avait proposé, avec un hédonisme mesuré, au nom d'Epicure (et à l'ombre d'Horace et de Pétrone) un programme de délices modérées, bien tempérées, une « volupté sans volupté*[6] » selon la sage doctrine de l'antique maître qui voulait que « la sobriété fût une économie de l'appétit et que le repas qu'on faisoit ne pût jamais nuire à celui qu'on devoit faire*[7] ».

---

4. G. Roberti, *Lettera ad un vecchio e ricco Signore feudatario*, op. cit., p. 120.
5. *Œuvres meslées de Mr. de Saint-Evremond*, Londres, Jacob Tonson, 1705, t. II, p. 462.
6. *Ibid.*
7. *Ibid.*, p. 464.

Dans cette perspective d'un goût médité et revisité à la fin du Baroque, les chairs lourdes, les viandes « noires » (celles-là mêmes que les illuministes italiens banniront de leurs tables) connaîtront leur première défaite. Les huîtres et les truffes prennent le pouvoir, exilant les plats épicés de l'ancienne table nobiliaire. S'attachant à redessiner la carte de la « gourmande géographie*[8] », le vieil aristocrate anglo-français, insatiable théoricien de la perfection et inventeur de la « femme imaginaire », exploré (puis traduit) avec une sympathie tout admirative par Lorenzo Magalotti, l'« Ulysse de la Toscane » (comme l'appelait Francesco Redi), rédige en vers l'acte de mort de la vieille cuisine féodale :

> Bannissons toute viande noire,
> N'en souffrons plus à nos repas,
> Hors deux à qui l'on doit la gloire
> De plaire à tous les délicats.
> Venez, ornement des cuisines,
> Oiseaux qu'on ne peut trop aimer :
> Alouettes et bécassines,
> Est-il besoin de vous nommer*[9] ?

Les parties froides de Thétis, les coquillages, étaient en train de battre le vieux record des habitants de l'air. Le palais des *délicats**, volage comme le vent, avait changé de cap. « En mérite de goût* »,

---

8. *Ibid.*, p. 551.
9. *Ibid.*, p. 550.

« les huitres* » (celles de Colchester en particulier) avaient réussi à

> ... surmonter
> Toute volante créature,
> Tout gibier, tout ragoût, tout ce que peut vanter
> Le célèbre inventeur du Tombeau d'Epicure*[10].

Gibier à plume, gibier à poil, viandes noires, jusqu'au célèbre ragoût dédié par son inventeur aux mains glorieuses d'Epicure, tout cela était menacé par la percée retentissante des huîtres crues dont, en 1682, Magalotti enregistre l'ascension en Italie comme l'une des « étranges adoptions » de la « dissection moderne désabusée[11] ».

Avec le Tombeau d'Epicure, « toute volante créature » et « tout gibier » s'étaient engagés sur la voie funèbre du crépuscule. Symboles de convivialité féodale et d'agressivité barbare, ces glorieuses viandes noires et sanguines subissaient l'affront d'avoir à s'incliner devant la pulpe molle, gélatineuse, exsangue des huîtres et devant l'ambiguë senteur de terre humide et obscure des truffes mélancoliques, tristement vénéréennes, fruits souterrains

---

10. *Ibid.*, p. 551.
11. Lorenzo Magalotti, *Lettere familiari*, Venise, S. Coletti, 1732, 1re partie, p. 202. Pour les « huîtres de Corse », cf. la lettre de F. Redi à Valerio Inghirami du 30 mars 1667. [Le terme « dissection » désigne ici « la charge de l'écuyer tranchant ». Nous renvoyons à *L'école parfaite des officiers de bouche* (1662-1742). *N.d.l.T.*]

nourris de ténèbres, de rosées nocturnes, de sèves opaques.

> Huitres, vous l'avez emporté,
> Les trufles seulement seront plus estimées*[12].

Il est singulier de constater que le déclin de la fastueuse cuisine de la Renaissance et du Baroque est marqué par le début du crépuscule des grandes chasses, par la déchéance de tout ce qui file dans l'air ou court sur terre, de tout ce qui exprime le mouvement, la force musculaire, l'élan, l'énergie, la vigueur de l'animalité vivant en contact étroit et familier avec les nuages, les vents, le soleil; et que le siècle de la lumière intellectuelle, ennemi de l'obscur et des ténèbres, préfère s'alimenter d'organismes glacés, inertes, sortis décomposés des eaux, semi-cadavériques, ou de bulbes stériles, ennemis de la lumière, nourris par l'humide nocturne et sélénique du sous-sol des grandes forêts automnales. Il est singulier mais non paradoxal de constater que le vertueux, rigoureux, sobre et végétarien Robespierre (qui partageait avec les ascètes la « triste singularité de ne manger que des herbes*[13] ») faisait massacrer le gibier royal de Versailles, en décapitant aussi bien la silhouette ondoyante de la reine que le lourd

---

12. Charles de Saint-Evremond, *Œuvres meslées*, *op. cit.*, t. II, p. 551.
13. *Ibid.*, p. 462.

souverain, amoureux des arts de Vulcain, spécialiste des techniques du feu.

Ces hommes nouveaux, ces illuministes de formation française qui condamnaient impitoyablement les excès et les inepties du siècle baroque, ces implacables démolisseurs de la vieille « manière » qui se plaisaient à vivre dans des ambiances familières, décorées avec une sobre élégance, dans des *cabinets** de travail lumineusement intimes, auraient eu l'impression de sombrer au fond de l'enfer du mauvais goût en découvrant le *buen retiro* madrilène d'un noble italo-espagnol du siècle précédent, l'antre odorant de Luigi Guglielmo Moncada d'Aragona des ducs de Montalto, splendide baron sicilien devenu grand d'Espagne pour accéder à la pourpre cardinalice en 1664, après la mort de sa seconde femme. Son étonnante *Boveda*, baignée d'une perpétuelle brume de parfums, suprême exemple de sensualité excessive et de trouble mollesse arabo-méditerranéenne, aurait fait frémir d'horreur l'illuministe qui s'y serait aventuré. Celui que Lorenzo Magalotti considérait comme un prêtre des arômes, un magicien des délires olfactifs, le « grand génie tutélaire des odeurs[14] », les hommes du « Café » l'eussent tenu pour une espèce de calife levantin.

---

14. L. Magalotti, *Lettere sopra i buccheri con l'aggiunta di lettere contro l'ateismo, scientifiche e erudite e di relazioni varie [Lettre sur les Buccheri augmentée de lettres contre l'athéisme, scientifiques et érudites et de relations diverses]*, M. Praz éd., Florence, Le Monnier, 1945, p. 72.

C'était une manière de souterrain qu'il avait creusé sous sa maison de Madrid, dans l'intention expresse d'y aménager un lieu à offrir aux amis et à soi-même durant les heures brûlantes de l'été... Murs blancs, sans autres ornements que des miroirs. De grandes tables de marbre : dessus, des vases de fleurs fraîches, et progressivement, les fleurs les plus odorantes de la saison ; dessous, plutôt des chaudrons que des bassines de joncs odorants composés en plusieurs guises, et tous *sobresalientes* [d'excellente qualité]. Sur la façade principale, un immense placard dans le mur de la voûte au plancher, avec divers rayons. Certains tout entier garnis de *buccheri* [sorte de vase en terre odorante des Indes occidentales, d'Espagne ou du Portugal] des Indes, de Maya, d'Estremoz, d'autres de porcelaines, mais toutes découvertes, et toutes pleines de vinaigres et d'eaux de fleurs dont seul le Cardinal avait le secret. Aux fenêtres, des rideaux de toile de Hollande, et sur le lit une couverture de peaux d'ambre ajourées avec une doublure d'ermoise colorée... Entre deux et trois heures du matin, quand le Cardinal était sur le point de se réveiller, Francisco, un de ses valets de chambre élevé depuis l'enfance pour la parfumerie, descendait dans la Boveda, deux ou trois grosses seringues d'argent à la main ; l'une de vinaigre, les autres d'eaux enrichies ; et il fallait le voir faire. A l'instar des bateliers hollandais sur les voiles de leurs petites embarcations afin qu'elles tiennent mieux au vent, il vaporisait une brume perpétuelle jusqu'à ce que toute chose en fût imprégnée, outre l'air, mais aussi les fleurs des vases, les *buccheri* (uniquement ceux du Portugal), les rideaux des fenêtres, réservant le vinaigre au seul pavement de brique. Après avoir accompli cette fonction de l'aspersion, il ouvrait le grand tabernacle qui, au dire du marquis de Grana qui me narra cette histoire, était une véritable gloire : alors, descendait le Cardinal[15]...

L'Espagne et ses cérémonials mozarabes s'éloignaient de l'Italie du XVIIIe alignée désormais sur la tendance septentrionale. Sa mode passait, sa langue déclinait, on oubliait ses parfums, ses gélatines aromatiques, ses crèmes, ses fruits glacés, ses boissons miellées et droguées comme l'*aloxa*. Disparu aussi, le *candiero* dont Lorenzo Magalotti, homme charnière entre Nord et Sud, explorateur des cultures de l'« Europe non barbare », avait un jour mis en vers la recette :

> Des jaunes d'œufs cuits à peine
> Battus dans une claire porcelaine,
> Et si chose souveraine tu veux
> Bats-les et démène-toi tant que tu peux ;
> Puis du sucre ajoutes-y
> Beaucoup plus qu'une pincée ;
> Prends un grand *bucchero* :
> Ne fais pas les choses à moitié :
> Un peu de musc, de l'ambre en quantité,
> Vingt ou trente brins de jasmin,
> Une paire de citrons mondés
> Pour le seul plaisir du palais[16]...

Après avoir découvert l'Angleterre, le grand voya-

---

15. *Ibid.*, pp. 90-91.
16. On trouve ce poème dans les *Annotazioni di F. Redi al Ditirambo [Annotations de F. Redi au Dithyrambe]*, in *Opere di F. R.*, Milan, Société typographique des classiques italiens, vol. I, 1809, p. 293.

geur au service de Côme III tourna le dos momentanément aux crèmes ibériques et sembla oublier ses poudres et ses pastilles, ses « chocolats de fleurs » et ses compotes glacées. Séduit par la « belle île enchantée » il mit en vers la recette du « *content, mets anglais* », et chanta la gloire de ce nouveau plat venu d'outre-Manche.

>D'Angleterre donc est arrivé
>A point nommé
>Un nouveau travail plaisant :
>Une blanche pâte odorant suavement,
>Liquide légèrement,
>Riche réconfort de trois sens.
>Une pâte parfumée,
>Délicate,
>Qui vient au sang en un instant.
>Il suffit de préciser
>Que son heureuse créatrice
>De *Content* lui donna le nom.
>Or écoute. Pèse environ
>Une livre de riz
>Et d'amandes en farine.
>C'est peu de chose jusqu'au riz :
>Plus laborieuse
>Est l'autre chose inhabituelle...
>Que la pluie soit une eau pure,
>Comme la nature
>La fait tomber du ciel.
>Il faut seulement qu'elle soit bouillante
>Qu'elle soit cuisante,
>Qu'elle soit abondante pour allonger.
>Allonger ce lait dense,
>Qui combat

Grâce aux deux farines
La paresse d'un palais
Délicat,
Qui veut des roses sans épines [17]...

Mélangée à la « manne de Caracas » (le chocolat), saupoudrée d'ambre puis versée dans un vase de porcelaine et garnie de fleurs, la « superbe gélatine » d'Albion était enfin prête.

Libertin catholique qui avait respiré l'air des plus prestigieuses cours d'Europe, dont le « style de seigneur... révélait la haute naissance » et l'« habitude du monde » (A. M. Salvini), médiateur culturel, importateur de nouveautés ibériques et françaises mais fier de la tradition romaine et toscane, critique le cas échéant des aspects les plus discutables des cultures étrangères, ce *Florentin** au léger accent romain, à l'œil infaillible et au nez prodigieux qui, de l'excellent, savait toujours choisir le meilleur, maître de mode et conseiller exquis des gentilshommes et des nobles dames en matière de gants, draperies, perruques, porcelaines et autres parfums; incomparable *connaisseur** d'art, « philosophe naturel » curieux de toutes les raretés et bizarreries de la nature, polyglotte et traducteur des langues orientales les plus rares, gentilhomme « entretenu » par le

---

17. L. Magalotti, *Il contento. Vivanda inglese*, in *Canzonette anacreontiche di Lindoro Elateo Pastore Arcade [Chansons anacréontiques de Lindoro Elateo, berger d'Arcadie]*, Florence, Tartini et Franchi, 1723, pp. 73-76.

grand-duc Côme III et membre du Conseil d'Etat, galiléen révisionniste, se sentant chez lui à Oxford comme à la Royal Society, Lorenzo Magalotti fut en outre l'un des premiers Italiens à s'éprendre de la *Merry England*, de la « belle île enchantée, / siège aimé / du bon temps et du plaisir [18] ».

Connaisseur des « bonnes tables de Paris » et du « génie de la nation » gauloise affleurant dans les « gourmandises du manger » (lui qui était capable de dîner chez lui, sur une « petite table » au coin du feu, de « deux cuillerées de soupe, de quatre boulettes de hachis, d'une pomme cuite, et c'est tout [19] »), il fut frappé, lors d'un de ses séjours parisiens en 1668, par la « propreté de la cuisine et du buffet » du *traitteur** De Noier, par le « raffinement » de sa luxueuse auberge située aux portes de la capitale, dans le « village de Saint-Cloud ».

> Cette maison est l'un des grands déversoirs pour la jeunesse de Paris, puisque, toute l'année durant, on y vient à l'heure de son gré, à combien l'on veut, en moins d'une demi-heure on est servi pour le nombre de pièces d'or que l'on veut par personne dans des salons décorés de tapisseries, pavés de marbre, ornés de lits de repos, de sièges et d'autres

---

18. *Ibid.*, p. 72. Toujours fondamental, l'ouvrage de A. Graf, *L'anglomania e l'influsso inglese in Italia nel secolo XVIII*, Turin, Loescher, 1911. Sur Magalotti, voir les pages 243, 406-407 et *passim*.

19. L. Magalotti, *Lettere del Conte L. M. Gentiluomo fiorentino [Lettres du Comte L. M. Gentilhomme florentin]*, Florence, Giuseppe Manni, 1736, p. 77.

meubles très nobles, avec les corniches des voûtes toutes pleines de pots en terre de Turquie, de *buccheri* et de porcelaines rangées si serrées que les vases se touchent, avec des cristaux extrêmement brillants, du linge de Flandre, des couverts en argent, tous les plats enrichis de fleurs de saison, avec de la glace et de la confiture blanche, des fruits confits, des gelées blanches, des mets rehaussés d'ambre, en somme avec tout le raffinement, la propreté et la galanterie [20].

De l'Espagne, il avait toutefois gardé les parfums, gravés au cœur de manière indélébile. Il était revenu en Italie « avec la frénésie des odeurs en tête, et avec une bibliothèque de livres de recettes, qu'il tenait de l'infante Isabelle, du cardinal de Moncada, et de tant d'autres seigneurs et de dames espagnoles et portugaises [21] ». Envoûté par les jasmins de Catalogne et les poudres d'Andalousie et de Castille, par le chocolat au jasmin et celui aux agrumes, par le goût craquant, coupant du chocolat glacé et la douce saveur du chocolat à la frangipane, tout en sillonnant les routes de l'Europe civilisée et de l'Europe barbare (il alla jusqu'en Laponie et en Suède), il évoluait toujours dans un nuage de douceurs ibériques. Au cours de son troisième voyage en Flandre, devenu

---

20. L. Magalotti, *Diario di Francia dell'anno 1668 [Journal de France de l'année 1668]*, in *Relazioni di viaggio in Inghilterra Francia e Svezia [Relations de voyage en Angleterre France et Suède]*, W. Moretti éd., Bari, Laterza, 1968, pp. 212-213.
21. L. Magalotti, *Lettere sopra i buccheri, op. cit.*, p. 310.

familier du mythique duc de Montalto (alias le cardinal Moncada), il corrompit son valet de chambre et put enfin transcrire les recettes secrètes de ce voluptueux grand d'Espagne qui se faisait faire des clystères d'eaux odorantes sans sel pour les retenir au-dedans de lui toute la journée.

Chairs lourdes et visqueuses

Un nouveau goût, une nouvelle poétique, un nouveau style amènent ordre, mesure et modération là où la fantaisie baroque, avec ses excès et ses intempérances, avait accumulé de grandioses, pléthoriques et occlusives cascades de plats, des merveilles décorées, des emphases seringuées, de multiples rôtis *à surprise**, des viandes dorées, de monstrueux pâtés ambrés, de somptueux emblèmes glacés, des apothéoses ramagées, des tapisseries gélatineuses de graisse liquéfiée. A la poétique de l'hyperbole et de l'accumulation (voire de l'*acumulación caotica*) se substitue la sobriété raffinée, le « bon goût » rationnellement équilibré et didactiquement pragmatique. La cuisine entre dans une phase — teintée de classicisme — de restauration équilibrée, d'élimination délicate des pesantes incrustations du passé, des « gothiques rancissures [1] » et du goût corrompu du

---

1. Francesco Algarotti, *Lettera a Bernardo Fontenelle [Lettre à Bernard Fontenelle]* (24 janvier 1736), in *Opere del conte Algarotti*, *op. cit.*, t. IX, p. 17.

XVIIᵉ siècle, délaissant les amas désordonnés qu'accumulait l'intempérante fantaisie baroque. La « réforme du goût[2] » opère aussi sur le nouveau programme de perfectionnement diététique de la machine humaine : « réformer la cuisine[3] » devient le mot d'ordre de Pietro Verri et de son groupe. Le « goût du siècle[4] » remodèle à coups de dosages médités et éclairés la discipline de la table, impose de nouvelles procédures et des cérémonials inédits, suggère avec un despotisme feutré les nouveaux styles denses de « lumineuses vérités » pour les « hommes des Lumières », ces nouveaux philosophes agiles, si différents de ceux de tradition aristotélicienne, habitués à « disputer de l'*universel a parte rei*, de la *quiddité*, de *blituri*, d'autres très graves inepties comme celles-là et des délires de la faiblesse humaine[5] ». Les « mots barbares » du vieux discours aristotélico-scolastique, les catégories abstruses de la logique formelle, l'oppressant « jeu de cette science des vocables[6] » (les *barbara* et les *baralipton* étant l'équivalent formel des accumulations baroques, indi-

---

2. Melchiorre Cesarotti, *Saggio sulla filosofia del gusto all'Arcadia di Roma [Essai sur la philosophie du goût à l'Arcadie de Rome]*, in *Opere scelte* [Œuvres choisies], G. Ortolani éd., Florence, Le Monnier, 1945, vol. I, p. 212.
3. Pietro Verri, *Articoli tratti dal « Caffè » [Articles tirés du « Café »]*, in *Opere varie*, N. Valeri éd., vol. I, Florence, Le Monnier, 1947, p. 35.
4. *Ibid.*, p. 48.
5. *Ibid.*, p. 70.
6. *Ibid.*, p. 71.

gestes et corrompues), tout cela était banni par la nouvelle science des intellectuels qui, à table, préféraient puiser dans des catégories alimentaires modernes les aidant à se libérer du « nutriment grossier » et des drogues fumeuses du passé, de la cuisine opiacée des générations féodales, « soporifique et dormitive ». Le triomphe du café, riche en « vertus stimulantes », semble scander le réveil et la vivacité des gens de lettres du XVIIIe parce qu'« il égaye l'âme, éveille l'esprit... insuffle au sang un sel volatil qui accélère son mouvement, le fluidifie et l'éclaircit et d'une certaine manière le ravive », « particulièrement utile aux personnes qui font peu de mouvements et qui cultivent les sciences[7] ».

Les « modernes » convoquent au tribunal du bon goût, à la table éclairée de la *nouvelle cuisine** réformée, l'intempérance baroque, surabondante et asiatique. Dans la villa du seigneur moderne, la nouvelle *ratio ciborum* se déploie en un ordre mesuré de voluptés raffinées, sobres bien qu'exquises.

> La table est délicate autant qu'il est possible de l'être ; les nutriments sont tous sains et de digestion facile ; il n'y a point de fastueuse abondance mais tout ce qui est nécessaire à satisfaire : les chairs lourdes ou visqueuses, l'ail, les oignons, les drogues fortes, les mets salés, les truffes et autres poisons de la nature humaine sont totalement proscrits de cette table où prennent place essentiellement les viandes des volatiles et des

---

7. *Ibid.*, p. 9.

poulets, les herbes, les oranges et leur jus. Les saveurs sont exquises, mais pas fortes ; chaque aliment agissant fortement sur le palais abrutit peu ou prou ce même palais et le prive d'un nombre infini de plaisirs plus délicats ; de surcroît, tout aliment stimulant fortement le palais agit aussi fortement sur les tuniques du ventricule et des intestins, et de là proviennent des maux infinis qui paient par une bien grande usure le plaisir de la sensation éprouvée. Les vins récoltés sur les collines avoisinantes sont très savoureux et peu forts, de sorte que, coupés d'une petite dose d'eau, ils ressemblent aux citronnades par leur légère acidité, et sont une délicieuse boisson aidant à une digestion rapide. Aucun aliment sentant fortement n'est admis à notre table, et toute herbe est proscrite qui, en pourrissant, dégagerait une mauvaise odeur ; c'est pourquoi les fromages et les choux de toute espèce en sont exclus. Tel est notre repas, que nous achevons sur une excellente tasse de café, satisfaits, repus, et non oppressés par une alimentation grossière qui endormirait notre esprit, lequel répandrait l'ennui dans notre société, là où, au contraire, après le repas, la commune hilarité semble se ranimer[8].

La radiographie de la noble table réformée — les nouvelles délices de villa renvoient à 1764 — ne pourrait être plus lucide. C'est une précieuse estampe décrivant avec netteté les nouvelles *manières de table** d'une société vive et élégante qui se remodèle et se réinvente en se démarquant du passé. Le

---

8. *Ibid.*, pp. 50-51.

détachement de la table baroque paraît radical, dans un contexte dominé par la délicatesse, la légèreté, la mesure (« il y a ce qui est nécessaire à satisfaire... »), par le refus des tonalités contrastées, des saveurs violentes, des arômes denses et âcres, bien loin de la « fastueuse abondance », du « faste et de la vaine magnificence » du repas du XVIIe siècle. La digestion doit être « facile » chez l'« homme de bon goût qui recherche le vrai » et ne peut ni s'abandonner à des rêveries bizarres et inconvenantes, à de grotesques chimères, ni jamais endormir son alacrité et sa vivacité intellectuelle par une « nourriture grossière ». Cette « digestion rapide » doit en outre être favorisée par des vins non seulement « peu forts » mais délayés dans de l'eau jusqu'à les rendre semblables à de pétillantes citronnades. Les produits locaux sont snobés. « Nos meilleurs vins ne me plaisent pas et je préférerais un médiocre vin d'Autriche au meilleur vin de Lombardie », écrivait le 26 octobre 1771 Pietro Verri à son frère Alexandre. « Le nôtre se boit pour s'enivrer; l'autre est une limonade spiritueuse, qui réjouit et rien de plus [9]. »

On bannit les drogues surchauffantes, les nourritures trop salées et pimentées, les truffes (« poisons de la nature humaine »), on veut percevoir des

---

9. *Carteggio di Pietro e di Alessandro Verri dal 1766 al 1797*, *op. cit.*, vol. IV, Milan, 1919, p. 270.

saveurs « exquises mais non fortes », accolées plutôt qu'amalgamées, accouplées plutôt que mélangées ou, pis encore, fondues les unes aux autres.

On proscrit les chairs « lourdes et visqueuses » (F. Braudel note que la consommation de viande diminue nettement au XVIIIe siècle), le goût moderne s'oriente vers les volailles et les volatiles. Des animaux de basse-cour et le petit gibier, pas le « gros gibier » aux saveurs violentes.

Même le paon, détrôné par la chair plus tendre de la dinde (le « coq d'Inde ») et — selon Vincenzo Tanara — relégué dès la seconde moitié du XVIIe au rang d'ornement de repas nuptiaux, tend à disparaître des menus du XVIIIe siècle. Toutefois, il est très probable que le *pavo cristatus*, « le plus splendide, pour le faste de ses couleurs, des oiseaux de l'ordre des gallinacés », circulait encore plus ou moins clandestinement, puisque Pellegrino Artusi en garde le « souvenir d'une chair excellente chez les individus de jeune âge ». A la seconde moitié du XVIIe siècle, le paon jeune était en effet considéré comme un délice. Lorenzo Magalotti, homme de goût transcendantal, l'appréciait tellement qu'il lui sembla indispensable d'en envoyer un, accompagné de sa recette, à son ami F. Redi :

> Un jeune paon dodu et abondant
> faisant la nique à la grive, à l'ortolan
> voilà, mon cher ami Redi, Roi des Courtois,
> pour une sobre ribote, ce que je t'envoie.

> Ton goût est si expert et si fin
> que tu sauras comment le cuisiner bien
> car tu es un maître, et ne seras point sot
> de le manger bouilli ou au pot.
>
> La recette : prends une grosse tranche
> de lard frais, qui ait la couenne
> de rouge brésil teinte, et faite sur les versants
> des Alpes qui font le gras abondant.
>
> Découpe-le avec un couteau en lamelles
> à la façon de vermicelles ;
> plus tu les émineras, plus ils deviendront
> fins, meilleurs seront tes lardons.
>
> Après avoir bien plumé et nettoyé notre ami,
> assieds-toi, coince-le sous toi et commence,
> l'aiguille en main, à lui farcir de cette cannetille
> les braies et le pourpoint [10]...

On est loin désormais des grandes proies des chasses baroques nobiliaires, loin des chairs rouges et sanguinolentes, au goût violent, des gros quadrupèdes — sangliers, cerfs ou daims — dont la cour des Médicis faisait un massacre quotidien (durant les chasses à Artimino, on en tuait parfois plus de quarante par jour, tuerie à laquelle participaient les

---

10. Lorenzo Magalotti, Al Signore Francesco Redi, in *La donna immaginaria. Canzoniere del Conte L. M. Con altre di lui leggiadrissime composizioni inedite, raccolte e pubblicate da Gaetano Cambiagi... [La femme imaginaire. Chansonnier du Comte L. M. Avec d'autres très belles compositions inédites réunies et publiées par Gaetano Cambiagi...]*, Lucques, Imprimerie de Gio. Riccomini, 1762, pp. 229-230.

« jeunes princesses » et les dames) ; après le carnage, on partageait le butin entre les « seigneurs courtisans » qui mangeaient les parties nobles, tandis que les entrailles et les têtes, « abattis » des « barons des cuisines [11] », échouaient sur les tables des gardes-chasse et des marmitons.

Les commensaux raffinés du siècle mou et délicat auraient été horrifiés s'ils avaient appris que Francesco Redi, protomédecin grand-ducal, un homme « maigre, sec, efflanqué, et décharné [12] », s'adonnait à d'aventureuses expérimentations gastronomiques avec ces fameuses cervelles de daim à propos desquelles circulait à la cour une « croyance très ancienne, obstinée et plus qu'hérétique, entretenue par ces ribauds [le personnel de cuisine et les aides de chasse], selon laquelle la cervelle de daim était la pire des choses, presque répugnante à manger et très nocive à la santé du genre humain ; si bien qu'il ne se trouvait à la cour aucun gentilhomme qui, par civilité ou par peur, se fût risqué à en faire paraître sur sa table [13] ».

L'infatigable anatomiste arétin, sectionneur imper-

---

11. Francesco Redi, *Lettere di F. R. Patrizio aretino [Lettres de F. R., Patricien arétin]*, 2ᵉ éd., Florence, Gaetano Cambiagi, 1779, vol. 1, p. 381. La lettre est de septembre 1689.
12. Cité par Ferdinando Massai, *Lo « Stravizzo » della Crusca del 12 settembre 1666 e l'origine del « Bacco in Toscana » di Francesco Redi [Le « Stravizzo » du 12 septembre 1666 et l'origine du « Bacchus en Toscane » de Francesco Redi]*, Rocca S. Casciano, Cappelli, 1916, p. 21.
13. F. Redi, *Lettere di F. R. Patrizio aretino*, op. cit., vol. I, p. 381.

turbable de serpents, lombrics et autres crapauds, « éternel bourreau des parties les plus répugnantes et sordides de la nature » (Magalotti), ne put résister à la tentation de prélever un jour une cervelle de daim de sa table de dissection et de la faire frire dans une poêle.

Mais moi, qui suis né au monde pour découvrir des choses belles et profitables — écrivait-il au docteur Iacopo del Lago en septembre 1689 (la saison de la chasse), justement dans le domaine grand-ducal d'Artimino —, ayant eu ces jours-ci entre les mains quelques-unes de ces cervelles afin d'en observer la facture, et celles-ci me paraissant belles, bien faites, dodues et de bonne substance, je me risquai, en dépit de mon serviteur qui répugnait à porter en cuisine cette mécréante gueuserie, je me risquai, dis-je, à en faire frire une magistrale poêlée dans du lard vierge; elles me furent présentées à table toutes chaudes et fort bien rissolées, et je les dégustai de bon cœur presque toutes, et après une telle expérience, sûre et vraie, réitérée maintes fois, je jugeai que la cervelle de daim est une noble chose, très savoureuse et très saine et bien meilleure que la cervelle de porc ou de veau, sans parler de celle de dauphin qui, à mon avis, est la meilleure de toutes, parce qu'on peut la manger au Carême et les vigiles des fêtes d'obligation [14].

---

14. *Ibid.*, pp. 381-382. « Apicius et Athénée me réprimanderaient si j'oubliais cette autre observation, bien qu'elle fût hors de propos, sur la cervelle de dauphin qui est un mets très délicat, et qui ne le cède en rien à la cervelle de veau de lait ou de n'importe quelle autre que l'on trouve habituellement dans les cuisines les plus somptueuses et les plus inventives; et je dirais même, par expérience, qu'elle était bien meilleure, plus délicate et noble » (*Osservazioni intorno agli animali viventi che si trovano negli animali viventi [Observations sur les animaux vivants*

Le comte Verri, qui pourtant adorait Galilée, n'aurait certainement jamais eu envie de risquer l'« expérience sûre et vraie » pratiquée par cet infatigable expérimentateur de tradition galiléenne qu'était l'Arétin Redi, destructeur du mythe millénaire de la génération spontanée et pourfendeur d'autres croyances archaïques et bien plus opiniâtres que celle de la nocivité de la cervelle de daim.

Les premières perplexités s'étant dissipées, la cour médicéenne se jeta avidement sur les lobes cérébraux de ces nobles quadrupèdes.

> Or, à mon habitude, je prêchai pour le bien public et vantai les mérites de ma nouvelle découverte; celle-ci étant réputée dans les chambres les plus secrètes et les antichambres une invention faite
>
> *Par un homme tel que moi, à l'esprit talentueux*
>
> on se mit aussitôt à rechercher avec une grande avidité les cervelles de daim comme un délice nouveau et étrange; et on les vit ici sur les plus grandes tables [15].

Une chose singulière se produisit alors. La cour de Côme III tout entière sembla ensorcelée par le charme de ces expérimentations anatomico-gastronomiques; et, d'expérience en expérience, en coupant et fouillant les viscères, les tripes et les parties

---

qui se trouvent dans les animaux vivants], in *Opuscoli di storia naturale di F.R. [Opuscules d'histoire naturelle de F.R.]*, Florence, Le Monnier, 1858, p. 429).

15. F. Redi, *Lettere di F. R. Patrizio aretino*, op. cit., vol. I, p. 382.

ignobles de ces très nobles animaux, on en arriva fatalement à une nouvelle trouvaille bouleversante. Un gentilhomme au sang bleu, un marquis de haut rang, à force de tentatives, réussit à localiser un occulte et impensable délice qui porta ombrage à la découverte pourtant sensationnelle de l'éminent protomédecin.

> En ce monde — feignait de se lamenter Francesco Redi, lequel, outre qu'il était maître de la science nouvelle, se révélait aussi une vieille perruque ironique et un comédien patelin — il n'est point d'allégresse qui ne soit accompagnée de quelque douleur ou pour le moins de quelque déplaisir. Ma gloire eût été grande si, en même temps, on n'eût fait une autre nouvelle découverte très savoureuse sur la région australe des daims encore inconnue : en effet, l'illustrissime seigneur, marquis Clemente Vitelli, premier gentilhomme de la Chambre du Sérénissime Grand-Duc, a, avec son seul esprit, trouvé et découvert que les tripes de daim sont beaucoup plus nobles, tendres et délectables que celles de n'importe quelle autre bestiole en vogue dans les cuisines des gourmands ; et hier matin, pour atténuer mon orgueil inconsidéré, il m'en servit un plat de sa table, lequel, pour avouer dévotement la vérité, me parut archiexcellent [16].

Deux générations plus tard, ces téméraires jeux gastronomiques avec les intestins et les abats des

---

16. *Ibid.*, pp. 382-383.

daims, avec leurs parties australes ou boréales, auraient été tenus pour de monstrueuses lubies issues de cerveaux extravagants, non éclairés par la lumière du « bon goût » retrouvé. Mais l'époque de Redi était encore celle des découvertes controversées, une période marquée par cette crise de fin de siècle qui laissera aussi son empreinte dans l'amalgame, incertain et confus, des délices de la bouche, dans l'entrelacement entre vieilles gourmandises et raffinements nouveaux, entre caroncules médiévales et nouveautés exotiques. La Chine et le Nouveau Monde s'insèrent de façon spectaculaire dans la tradition eurocentrique du goût toscan et italien.

Les étranges adoptions
de la gourmandise désabusée

Les vaisseaux hollandais et anglais, espagnols et français en provenance de l'extrême Occident ou du lointain Orient déchargent sur les quais de la vieille Europe des balles et des caisses de produits nouveaux et excitants : herbes indiennes, poudres subtropicales, fleurs inquiétantes, viandes impensables, fruits imprévisibles, tubercules inconnus, semi-inconnus, légumes étranges, tabac, cacao, vanille et quinquina, poivrons et nids d'hirondelles, café et thé, tulipes et jasmins de Goa, dindons et tatous, noix d'arec et cachou.

En 1679, les épiceries de Livourne — « la ville d'Italie la plus florissante* », « témoignage du génie des ducs de Toscane*[1] » selon Usbeck-Montesquieu — reçurent une drogue à la saveur singulièrement composite : un superconcentré de plusieurs autres épices tropicales, « une écorce pareille à la grosse

---

1. Montesquieu, *Lettres persanes*, 1765, p. 54.

cannelle, laquelle fut envoyée de Cadix à Monsieur Cestoni sous le nom de "toutes épices", et qui semble avoir, par la variété des saveurs, le privilège de cette drogue ou graine aromatique rapportée des Indes occidentales que les Espagnols appelèrent *Pimienta de Chapa*[2] ». Francesco Redi expérimenta cette baie inconnue, baptisée génériquement « nouvelle épice », grâce à Lorenzo Magalotti ; le surintendant de la « fonderie » du grand-duc la tint pour une « drogue galante » où il identifia un éventail de goûts différents : « celui des œillets, dominant, celui de la noix muscade, secondaire, celui de la cannelle, en troisième lieu, celui du cédrat, l'odeur du musc, l'odeur de l'ambre et la très douce suavité du sucre[3] ». Mastiquées, ces graines libéraient d'autres senteurs aromatiques similaires à celles du genièvre et, plus atténuées, aux grains de poivre noir. Ce poivre inédit qui, dans la Nouvelle-Espagne, faisait généralement partie des ingrédients du chocolat, ne connut pas en Europe la fortune rencontrée par d'autres herbes provenant d'Extrême-Orient. Si le « fenouil de Chine », « pas très différent de notre fenouil doux, bien que moins acide, avec quelques mélanges de saveurs d'anis[4] »,

---

2. Note du commentateur de l'édition du XVIIIe des *Lettere di Francesco Redi Patrizio aretino*, *op. cit.*, vol. II, p. 25.
3. *Ibid.*, lettre de F. Redi à Diacinto Cestoni du 26 mars 1680.
4. Francesco Redi, *Esperienze intorno a diverse cose naturali e particolarmente a quelle che ci son portate dall'Indie [Expériences autour de diverses choses naturelles et particulièrement celles qui sont rapportées des Indes]*, in *Opuscoli di storia naturale di F. R.*, préfacé et annoté par C. Livi, Florence, Le Monnier, 1858, p. 287.

eut un maigre succès, en revanche, celui du thé fut énorme. « Deux [autres] étranges et très précieuses herbes » du « grand empire de Chine » s'inscrivirent dans le limbe magique des talismans, suspendus entre légende et réalité :

> l'une d'elles, appelée *pusu*, rend la vie des hommes immortelle ; l'autre, dite *ginseng*, bien qu'elle n'ait point autant de vigueur pour donner l'immortalité, est cependant si valeureuse que tout le temps de la vie elle nous aide à rester sains, joyeux et insouciants des maladies. Sans doute était-il plein de ces herbes, le grand chaudron
>
> *Où Médée mit à frire son beau-père*
> *Pour le tirer des griffes de la vieillesse*[5].

Les « gourmands mystiques[6] » peuvent se promener parmi les boutiques des marchands arméniens et juifs, naviguer entre magasins et entrepôts pour y dénicher les nouvelles « étranges adoptions de la gourmandise moderne désabusée » aptes à « représenter à leurs esprits certains degrés de l'exquisité spirituelle ». Un « alphabet d'hiéroglyphes » comestibles enrichit de merveilles inédites les buffets déjà bien garnis et les garde-manger regorgeant d'épices du vieux continent. Très actifs, les jésuites trafiquent et commercent, sélectionnent et importent du quinquina (la « poudre des jésuites », ainsi qu'on l'appelait alors, ou « poudre du

---

5. *Ibid.*, p. 291.
6. Cette citation et les suivantes sont tirées de Lorenzo Magalotti, *Lettere familiari* [contre l'athéisme], *op. cit.*, 1re partie, p. 202.

cardinal De Lugo »), du tabac, du cacao, piégeant ainsi par des tentations nouvelles, des marchandises rares et alléchantes ou des poudres mirobolantes comme la quinine les âmes des puissants et du peuple. La politique lorgne les cales et les celliers, le chocolat devient instrument d'insinuation religieuse, de pénétration édifiante, nouveau délice offert *ad maiorem Dei gloriam*. Le panorama culinaire s'embrouille, présentant un étrange cocktail d'archaïcité et de modernité exotiques : « pattes de tortues rôties à la flamme de bougies de cire, têtes de bécasses fendues en deux et cuites au gril, huîtres crues, cornes nouvelles de daim, cuissots d'ours, nids d'hirondelles de Cochinchine, thé, café, ketchup, cachou... les liquéfactions les plus suaves... sorbets et chocolats glacés [7] ».

Une « ingénieuse invention de la gourmandise moderne, toujours avide de nouveauté », c'est ainsi que Francesco Redi qualifiait la mode rapidement répandue des nids de certains oiseaux d'Orient servis sur les tables en guise d'aliments, l'une des dernières découvertes en fait de raffinements culinaires qui « sont d'autant plus prisés — commentait le protomédecin du grand-duc — qu'ils sont rapportés de loin [8] ».

> Il existe certains oiselets, assez semblables aux hirondelles, qui construisent dans les écueils lon-

---

7. *Ibid.*
8. F. Redi, *Esperienze intorno a diverse cose naturali e particolarmente a quelle che ci son portate dall'Indie*, op. cit., p. 283.

geant la mer de Cochinchine leurs petits nids de couleur blanchâtre et d'une matière très proche de la colle de poisson; ces nids, arrachés de ces rochers, sont vendus chèrement pour ennoblir les banquets, lesquels seraient vils et réputés sans solennité s'ils n'étaient rehaussés de ce mets étrange, vraiment appétissant quand il est préparé magistralement par un cuisinier qui s'y entend. Et l'une des façons de l'accommoder est de faire tremper ces nids dans un bon bouillon de chapon ou de veau jusqu'à ce qu'ils se ramollissent et reprennent leur volume; puis on les cuit dans ce bouillon, et ensuite on les sert avec du beurre, du fromage et diverses sortes d'épices [9]...

En France, certains palais délicats s'étaient affinés à tel point qu'ils pouvaient reconnaître et distinguer à coup sûr, même « en mangeant dans l'obscurité », un « blanc de faisan d'un blanc de chapon, un blanc de perdrix rouge d'un blanc de perdrix grise ». Lorenzo Magalotti avait connu au pays des Bourbons, « l'une des nations qui s'y entendent en cuisine mieux qu'on ne le fait généralement en Italie », des *connaisseurs** virtuoses et des « gourmands si infaillibles qu'ils savaient parfaitement déceler que le cuisinier avait cuit les perdrix grises sur tel feu et non sur tel autre, et que, après avoir lancé leur cuisson, au moment où le jus avait déjà commencé à venir à la peau, il les avait ôtées du feu pour les réserver; là, le

---

9. *Ibid.*

jus s'était refroidi et avait pris un je-ne-sais-quoi de fétide qui, en recommençant à frire, les avait rendues, affirmait-il, *détestables du dernier détestable**[10] ».

Les « nouvelles adoptions » culinaires de la fin du XVIIe siècle, entre baroque et rococo, étaient un « cadeau recherché d'Européens désabusés, luxueux, sinon luxurieux[11] », avides de nouveautés lointaines, d'exotismes visuels, odorants, gustatifs. Des nouveautés et des frénésies qui, après avoir connu un succès fulgurant, disparaissaient tout aussi rapidement. Ainsi en alla-t-il de la « terre japonaise » ou « terre *catecù* » dite également « *cato* » qui « devint chez les Portugais *cacciunde*, cachou chez les Français, et resta ou devint, à ce que j'en sais, *casciù* ou *cacciù* chez nous Italiens[12] ». Beaucoup à Florence le considéraient comme une espèce de « cacao de ce chocolat oriental[13] ». Magalotti fut le premier à extraire « l'eau de cachou », laquelle, « sous forme d'eau pure aussi bien que sous forme de sorbet, l'emporta sur toutes les autres boissons de l'été[14] ».

---

10. L. Magalotti, *Donde possa avvenire che nel giudizio degli odori così sovente si prenda abbaglio [D'où provient le fait que dans le jugement des odeurs on commet si souvent des erreurs]*. Au Seigneur Chevalier Gio. Battista d'Ambra, in *Lettere sopra i buccheri*, op. cit., p. 305.

11. L. Magalotti, *Sopra il casciù [Sur le cachou]*, in *Lettere scientifiche ed erudite [Lettres scientifiques et érudites]*, Venise, Domenico Occhi, 1740, p. 246.

12. *Ibid.*, p. 244.

13. *Ibid.*

14. *Ibid.*, p. 246.

C'était une terre au parfum très délicat, exhalant « une certaine senteur d'aromate, laquelle se développe si subrepticement que, dans la sécheresse de l'air, elle se perd et, quand bien même le nez la traque, il ne la retrouve pas; mais dès qu'on en met en bouche, aidée par l'humide de la langue, elle se rend sensible de l'intérieur[15] ».

Volutes éphémères de senteurs si éthérées qu'elles se fondaient dans le néant, ces trésors et tant d'autres étaient le fruit d'une imagination voluptueuse plutôt que le résultat d'une opération sensitive : en effet, « la première fois que l'on goûte à de telles choses, ou que l'on en entend parler, elles ne plaisent à personne dans l'ignorance où l'on est qu'il s'agit de si étranges délices. Toutefois, les esprits un peu raffinés sont susceptibles de curiosité et de prévention, lesquelles font que l'âme ne s'attend plus à la saveur de la chose, mais, s'en étant énamourée par ouï-dire, elle va à sa rencontre, et avant que l'espèce de la saveur n'arrive à la toucher dans son être naturel, l'âme la pare de loin de cette douceur imaginaire, dont elle porte en elle la veine, puis, en l'approchant, elle la sent telle qu'elle se l'est imaginée et non telle qu'elle était, et jouissant d'elle sous son image, elle pense jouir d'elle. *Il luy prenoit quelque fois envie* (écrit à propos de Bibbiena devenu cardinal un auteur moderne d'infor-

---

15. *Ibid.*, p. 247.

mations secrètes) *au milieu du repas d'aprester des sausses, dont aucun cuisinié ne s'estoit jamais avisé. Il y mettoit la main, et reussissoit tous jours au gré des convives, soit qu'il fût maître en l'art de flater le goust ; soit que ceux qui en jugeoient aidassent à se tromper eux-mêmes*[16] ».

Les esprits « raffinés » de cette fin de siècle rococo-baroque languissante, ces amoureux « par ouï-dire », ces visionnaires distillant dans leur laboratoire intérieur des douceurs imaginaires sont les derniers représentants d'une race qui, vers le milieu du XVIIIe siècle (en dépit des apparences), sera éteinte. Produits typiques d'une crise à cheval sur deux siècles, ils ne se réincarneront pas dans les *philosophes** ni ne revivront dans les saveurs (pourtant légères et volatiles) de la rationalité culinaire du XVIIIe. Et l'on verra encore moins renaître le spectre vorace de Polyphage, le « grand glouton », l'homme-ventre qui hantait les palais des nobles et la cour de France à l'époque de Louis XIII et de Richelieu, sous le masque du « Seigneur Panphagus* », « le grand Epulon en cette cour* », et que Francesco Fulvio Frugoni fera passer du *Banquet sceptique* de La Mothe Le Vayer à son mélodrame dithyrambique, *L'Epulone*.

---

16. L. Magalotti, *Lettere familiari* [contre l'athéisme], *op. cit.*, p. 203.

Je l'avois observé pendant tout le repas — raconte Eraste dans un des *Cinq dialogues faits à l'imitation des Anciens* d'Oratius Tuberus — allant si viste et si bien en besogne, qu'en vérité je croyois, qu'aussi bien que les cerfs, les chèvres et les brebis, il eust plusieurs ventres au lieu d'un, et que comme les hérissons, les cancres et les locustes, il eust dans ces ventres d'autres dents, pour y faire une seconde mastication : tant y a que je n'estime pas, qu'à n'avoir qu'un ventre, tout homme n'en fust crevé, s'il n'eust esté ouvrant et fermant à boutons, comme ceux des habitans de la lune*[17].

A l'époque où Panphagus hantait les tables des grands *hôtels particuliers** de France, certains éminents cardinaux et autres membres haut placés du clergé italien, lors du carême prescrit, recouraient à d'ingénieux trucs culinaires qui, en trompant les yeux, dissimulaient des nourritures interdites sous d'innocentes apparences. Particulièrement « ingénieuse », la gourmandise de la Contre-Réforme réussissait à introduire en contrebande sur sa table, grâce à un jeu sur les formes et les couleurs, des chairs réprouvées, savoureuses mais interdites.

---

17. [François de La Mothe Le Vayer], *Cinq dialogues faits à l'imitation des Anciens. Par Oratius Tuberus*, Liège, Grégoire Rousselin, 1673, p. 117. Pour le passage de Orasius à Oratius et sur le problème de la datation de la première édition, cf. R. Pintard, *Sur les débuts clandestins de La Mothe Le Vayer : la publication des « Dialogues d'Orasius Tubero »*, in *La Mothe Le Vayer-Gassendi-Guy Patin. Etudes de bibliographie et critique suivies de textes inédits de Guy Patin*, Paris, Boivin et Cie Editeurs, s.a.

Il faut se garder — écrivait Francesco Ridolfi, archiconsul de la Crusca, à l'auteur du *Bacchus en Toscane*, au sujet de l'apparente légèreté de son très célèbre dithyrambe — de croire aux apparences ; je me souviens avoir vu les jours de carême, à des banquets de grands ecclésiastiques où l'on ne voulait pas scandaliser, des soupes blanches, des rougets, des soles, et des truites : mais les premiers étaient des blancs de chapon hachés finement, les secondes de la pulpe de perdrix grise, de coq des marais et de faisan, le tout composé en forme de poissons [18].

Du reste, on ne pouvait absolument pas exiger des gens d'Eglise que tous, grands et petits, afin d'éviter les voluptueuses illusions et les douces tentations, se soumettent aux exercices d'abstinence froids et réfrigérants que s'imposait Tommaso Sanchez, jésuite très érudit, admirable casuiste du droit matrimonial et éminent spécialiste du plus infime délit sexuel, qui avait étudié « trente ans de sa vie ces questions, assis sur un siège de marbre, qui ne mangeait jamais ni poivre, ni sel, ni vinaigre, et qui, lorsqu'il était à table pour dîner, tenait toujours ses pieds en l'air [19] » (« salem, piper, acorem respuebat. Mensae vero accumbebat alternis semper pedibus sublatis »). Un

---

18. Fragment de lettre inédite cité par G. Tellini, *Trois correspondants de Francesco Redi (lettres inédites de G. Montanari, F. D'Andrea, P. Boccone)*, in « Philologie et critique », I, 1976, p. 409, note 10.

19. Gabriel-Honoré de Mirabeau, *Erotika Biblion. Edition revue et corrigée sur l'édition originale de 1783...*, Amsterdam, Aug. Brancart, 1890, p. 28.

siège de marbre en dessous et au-dessus des mets sans sel ni poivre. Cependant, nous ne savons pas exactement ce qu'il mangeait : étant donné sa parfaite intégrité, on doit supposer qu'il évitait les viandes trop chaleureuses et fuyait avec soin ces cornes de cerf qui, diversement apprêtées, ne manquaient jamais sur la table des non-consacrés. Redoutables comme un fragment d'abysse, *maxime vitandus* comme une bouchée satanique. Les « cornes tendres — à en croire Francesco Redi — sont délicieuses aux banquets des grands de ce monde, et les cuisiniers en composent divers bons petits plats très appétissants. Avec les cornes dures, ils font plusieurs sortes de gélatines très savoureuses au palais[20] ». Cette « coutume gourmande[21] », qui avait d'amples prolongements dans la pharmacopée du XVIIe, cachait une croyance voilée en les vertus aphrodisiaques des cornes et du membre de cerf, animal d'une frémissante luxure. C'est Redi lui-même qui, dans *Prière et sacrifice à Vénus [Preghiera e sacrificio a Venere]*, poursuivant des « ombres lascives » et des « folies estivales », s'abandonnant à de voluptueuses rêveries, entrevoit un *pervigilium Veneris* où, sur le « feu sacré », brûlent « laudanum, encens, cinnamome et crocus » et où l'on offre à la déesse Cypris

---

20. F. Redi, *Esperienze intorno a diverse cose naturali e particolarmente a quelle che ci son portate dall'Indie, op. cit.*, p. 279.
21. *Ibid.*, p. 280.

> du satyrium illustre
> la racine prisée et du fécond
> cerf d'Etrurie le membre immonde[22].

En tant que tradition culinaire, la corne de ce quadrupède convoité survécut à tous les écroulements de royaumes, à tous les chambardements sociaux, à tous les renouvellements du goût, à toutes les révolutions diététiques, au moins jusqu'à l'époque de la Restauration. Elle réapparaît parmi les « assaisonnements des mets », traitée au même titre que le « beurre », le « parmesan » ou les « champignons secs » (section « condiments généraux ») dans *Janine ou la cuisinière des Alpes [Gianina ossia la cuciniera delle Alpi]* (Rome, 1817, t. I, p. 45), virtuose rhapsodie culinaire à mi-chemin entre *ancien régime**, romantisme et congrès de Vienne, réalisée par les mains industrieuses et romanesques de Francesco Leonardi.

En revanche, c'est en vain que l'on chercherait parmi les « productions des quatre saisons » ou les « minutes des repas » la gélatine ou la pulpe de vipère, chair à laquelle, depuis des temps ancestraux, on attribuait le pouvoir d'allonger vigoureusement la durée de la vie humaine. Les Macrobes, hommes à la longue vie, en étaient, selon Pline, de formidables consommateurs. Dans le monde occidental, terre de la médecine scientifique et patrie des

---

22. F. Redi, *Sei odi inedite di F. R. [Six odes inédites de F. R.]*, Bologne, Romagnoli, 1864, p. 15.

sciences exactes, les puissants et les riches avaient ordonné que l'on nourrît de cette chair dispensatrice de longévité (et de beauté pour les dames) les animaux de basse-cour qui finissaient ensuite sur leurs tables. Les princes et les rois ne voyaient aucun intérêt à finir prématurément ou à consumer trop rapidement le capital — déjà maigre — d'années dont (comme tous les mortels) ils disposaient. C'est pourquoi ils exigeaient que les volailles destinées à leurs banquets fussent élevées aux aliments vipérins : les « Princes d'Europe », écrivait le « libertin » La Mothe Le Vayer — l'homme qui, selon René Pintard, avait trouvé « les formules les plus audacieusement sceptiques du XVIIe siècle* » —, « en font avaller à la volaille qui leur sert après de viande*[23] ». Cette « nourriture de chair de vipère*[24] » indirecte, transposée dans la chair des volatiles domestiques, rendait plus savoureux, mais aussi plus magiques et donc plus appétissants leurs mets. Manger avec dévouement et passion ces talismans charnels accroissait non seulement le plaisir du repas mais les années dédiées aux plaisirs de ce monde.

Le mythe thérapeutique de la chair de vipère (comme le mythe culinaire de la corne de cerf) se prolongea jusqu'aux premières décennies du XIXe siècle[25], montrant ainsi la persistance durable

---

23. [La Mothe Le Vayer], *Cinq dialogues faits à l'imitation des Anciens*, op. cit., p. 123.
24. *Ibid.*
25. Cf. Giuseppe Brofferio, *Cenno medico sull'uso della vipera e*

des croyances invétérées, réfractaires au changement scientifique, un autre aspect de l'incroyable lenteur du changement du décor galénique où pharmacologie et diététique se confondaient en un passage incessant du chaudron à l'alambic. La gélatine de corne de cerf, que Francesco Redi jugeait lui aussi délicieuse au palais, était encore prescrite, peu avant le milieu du XVIIIe siècle, par le fondateur de l'anatomie pathologique, Giovan Battista Morgagni. Ce dernier, très fidèle (comme tous les médecins des Lumières) à ce reptile thaumaturgique et colérique, ne se lassait pas de le prescrire soit en bouillon, soit sous forme d'extrait liquide pressé de l'alambic, dans lequel la vipère des montagnes, mélangée à un peu de viande de veau maigre, était servie en « boulettes » liées avec des écorces de cédrat en conserve ou, sur demande, accompagnée de pointes de mélisse[26].

Reconstituants, restaurateurs de la chaleur naturelle, dispensateurs de longévité, telle était la réputation des « bouillons et viande de poulets nourris à la vipère[27] ». Toutefois le « vin blanc généreux et puissant où l'on aurait, tout exprès, fait se noyer quelques vipères vivantes[28], s'il survit au XVIIIe dans la

---

sopra un suo straordinario effetto [Communication médicale sur l'emploi de la vipère et l'un de ses effets extraordinaires], Turin, Imprimerie Chirio et Mina, 1822.

26. Giambattista Morgagni, *Consulti medici [Consultations médicales]*, E. Benassi éd., Bologne, Cappelli, 1935, p. 38.
27. F. Redi, *Consulti medici*, Turin, Boringhieri, 1958, p. 41.
28. *Ibid.*, p. 57.

diététique médicale, semble ne plus remporter les faveurs des bien portants. A la seconde moitié du XVIIIe, l'odeur de vipère tend à disparaître des archives de l'olfactif. La rupture avec la culture baroque est marquée par cette perte d'odeur vipérine. On n'a plus aucune information sur des régimes entièrement consacrés à ce reptile, sur d'obsédantes présences alimentaires, assez fréquentes au siècle précédent, comme dans le cas de ce

> gentilhomme vertueux et très noble, au corps plutôt gracile, en pleine éclosion de sa jeunesse, qui, durant cet été [1664], pendant quatre semaines ininterrompues, a bu chaque matin, à la première collation, une drachme de poudre vipérine délayée dans un bouillon fait avec une demi-vipère, de celles que l'on attrape sur les collines napolitaines; au déjeuner, il mangeait une bonne soupe faite de pain trempé dans un bouillon vipérin, salée et pimentée (permettez-moi ce mot) avec de la poudre vipérine, et assaisonnée avec le cœur, le foie et les chairs émincées de cette vipère qui avait fait le bouillon; il buvait du vin où étaient noyées des vipères; au goûter, il prenait une émulsion préparée avec une décoction et de la viande de vipère; et le soir, il dînait d'une soupe semblable à celle du matin[29]...

Difficile d'imaginer ce qui s'est passé à l'issue de ces quatre semaines rigoureusement consacrées à ce

---

29. F. Redi, *Osservazioni intorno alle vipere [Observations sur les vipères]*, in *Opuscoli di storia naturale*, op. cit., pp. 40-41.

fascinant reptile, si le « corps gracile » du baronnet s'est avantageusement renforcé ou pas. Cela ne lui fit certainement pas de mal, le récit de Redi ne comportant en effet aucun indice pouvant laisser supposer un quelconque inconvénient. Notre curiosité est destinée à rester sans réponse. Quoi qu'il en soit, mis à part l'épisode de cet infatigable consommateur d'une telle viande, il est loisible de penser que, en ligne générale, les « poulets nourris à la vipère » avaient une excellente saveur et, probablement, un goût supérieur à nos poulets d'aujourd'hui, engraissés par étapes forcées, sous une lumière artificielle aveuglante, avec des aliments dont la partie la plus noble est constituée de farine de poisson.

En outre, il semble que, cuites sur un gril, les vipères non seulement exhalaient une « très suave fragrance [30] » mais qu'elles n'avaient rien à envier à l'anguille grillée. On a des documents sur un septuagénaire qui (on ne sait si c'était par désir d'immortalité ou par préférences personnelles) « mangea en un mois et demi plus de quatre-vingt-dix vipères capturées en été et rôties, comme le font d'habitude les cuisiniers pour les anguilles [31] ».

On peut toutefois penser que la fortune non négligeable de la chair de vipère dépendait très probablement de sa réputation d'excellent conservateur de la

---

30. *Ibid.*, p. 41.
31. *Ibid.*

beauté féminine fanée par les années, et surtout de sa prétendue vertu magique à dispenser grâce et charme aux jeunes dames.

> Je n'ai pas encore réussi à mettre au clair si le fait de manger ces viandes produit dans les corps juvéniles des femmes (ainsi que le disent certains auteurs) cette convenable proportion des parties et des couleurs que l'on appelle beauté, et s'il restitue à l'âge sénile sa beauté perdue[32]...

Si un grand investigateur des secrets de la nature comme Redi n'avait pas réussi à élucider cela, il est inutile que nous, bien qu'observateurs bienveillants des « proportions des parties et des couleurs » de la beauté féminine, nous cherchions à résoudre cette énigme séculaire.

---

32. *Ibid.*

Décors éphémères*

Les bouffons des banquets des XVIᵉ et XVIIᵉ siècles, qui « avec leurs jeux et facéties tenaient chacun en fête[1] », avaient désormais disparu. On prisait de moins en moins les « parfums épais »; les « boules odoriférantes emplies d'oiseaux vivants, aux cercles triomphaux... formés de pâtes de parfums magnifiques et précieux[2] », étaient obsolètes, inconnues; les déjeuners et les dîners ignoraient tout désormais des vagues de « fragrantes odeurs » qui, « en abondance excessive[3] », « sous les tables et pour chaque commensal », étourdissaient de leurs vertigineux effluves. Renaissance et baroque quittaient rapidement la scène du XVIIIᵉ. Le palais nouveau, exquis et délicat, veut un nez nouveau, des odeurs différentes,

---

1. Paolo Palliolo Fanese, *Le feste pel conferimento del patriziato romano a Giuliano e Lorenzo de' Medici [Les fêtes pour l'attribution du patriciat romain à Julien et Laurent de Médicis]*, O. Guerrini éd., Bologne, Romagnoli 1885. Cité de G. Mazzoni « Un convito solenne », [« Un banquet solennel »], dans le volume *In biblioteca. Appunti*, Bologne, Zanichelli, 1886, p. 271.
2. *Ibid.*, p. 272.
3. *Ibid.*, p. 275.

des fragrances plus intimes et feutrées. Des arômes féminins, des parfums suaves, des essences végétales aériennes. Les senteurs piquantes, animales et masculines, la civette, l'ambre, le musc, qui imprégnaient l'atmosphère baroque, sont repoussées presque avec dégoût. Dès les premières décennies du XVIIIe siècle, la « dame de qualité », en « flairant l'ambre » fera

> la bouche torte,
> et dira sa matrice enflammée.
> Tu en verras une autre qui semblera morte
> à goûter un bonbon musqué,
> et ne reprendra point ses sens
> avant que de la pisse pourrie distillée,
> dite sel volatil en terme médical,
> ne soit offerte à son nez délicat[4].

Selon la fragile « imagination des dames et des convulsionnaires », l'« odeur forte » pouvait provoquer des « pâmoisons odorantes[5] ». Les flacons d'essences, d'esprits et de sels accompagnaient immanquablement les belles exquises, sujettes aux palpitations et aux vapeurs, très promptes aux évanouissements. Dans le monde féminin, l'« aura convulsive » devient la maladie sociale la plus à la

---

4. Vers de Giovanni Gerolamo Pazzi, cités par L. Valmaggi, *I cicisbei. Contributo alla storia del costume italiano nel sec. XVIII [Les sigisbées. Contribution à l'histoire des mœurs italiennes au XVIIIe siècle]*, œuvre posthume préfacée et procurée par L. Piccioni, Turin, Chiantore, 1927, p. 171.

5. *Carteggio di Pietro e di Alessandro Verri*, op. cit., Milan, 1910, vol. II, p. 322.

mode, prenant peu à peu la place de l'hypocondrie du XVIIe. Pour des créatures si sensibles et inappétentes, il fallait des diètes légères, caressantes, voluptueuses, suaves et douces. La pâtisserie, la confiserie, le buffet connaissent des années de raffinements inouïs et inégalés. L'ostracisme visant les viandes « lourdes et visqueuses » se double et s'applique désormais à n'importe quelle « nourriture à l'odeur forte », fromage, chou, ail, oignon. Alessandro Verri alla jusqu'à éprouver de la « nausée », un jour de 1769, pour un bouquet de fleurs d'oranger.

L'« odeur forte de cédrat dans une crème » pouvait produire des effets similaires, et d'aucuns manquaient de peu s'évanouir rien qu'à « voir et à sentir les pommes[6] ». Un refus si péremptoire des senteurs âcres et violentes comme des saveurs trop marquées (« l'odeur — écrivait Alessandro Verri — me semble être un goût, c'est-à-dire une saveur, diminué[7] ») naissait de la nécessité de préserver le palais de l'émoussement provoqué par les essences violentes que libéraient les goûts forts ; de la volonté de le réserver à des sensations et à des « plaisirs plus délicats » ; enfin, du désir (ou du besoin) d'éviter que certains effluves âcres et certaines basses exhalaisons ne viennent troubler par des messages olfactifs

---

6. *Ibid.*
7. *Ibid.*

inconvenants les heures postprandiales consacrées à la conversation mondaine, au commerce rapproché, aux jeux de société et, en général, à la vie relationnelle d'un monde salonnier et galant où la femme interprétait le rôle capital de *prima donna*. La discrimination des nourritures jugées vulgaires se renforce et le snobisme aristocratique s'accentue. Tout ce qui survivait encore de l'interpénétration alimentaire entre les classes de la vieille société féodale est désormais rigoureusement aboli. Le régime du beau monde se dresse comme une barrière supplémentaire contre l'autre monde, plébéien, populaire et bourgeois, véritable dispositif de renforcement de la démarcation du statut privilégié. Le dégoût envers certaines odeurs sociales s'accompagne de la naissance des premières campagnes programmées et rationnelles pour l'hygiène urbaine et la désodorisation, tandis que la délimitation entre les milieux sociaux tend à s'établir de plus en plus nettement sur une stricte frontière olfactive.

Une histoire « sociale » de l'odorat qui ne passerait pas par le filtre des odeurs alimentaires, qui ne mettrait pas son nez dans les cuisines, risque de déraper vers l'abstraction idéologique des *philosophes** sensualistes. La fortune controversée du fromage, par exemple, appartient davantage à l'histoire des odeurs qu'à celle, pourtant parallèle, des saveurs. « Jusqu'à présent, on a trop peu fait pour le nez, tandis que l'on a fait beaucoup trop pour la bouche... Des odeurs aux saveurs, il n'y a qu'un petit pas[8]... », observait Cesare Beccaria alors qu'il songeait, malicieusement, à préparer trois volumes in-folio de *Elementa naseologiae methodo mathematica demonstrata*. « Cultiver son corps » et négliger les « plaisirs de l'odorat » lui semblait être le signe d'une impardonnable barbarie.

> Les Anciens — notait-il avec regret — en étaient plus friands que nous, et ces vieux Romains, pareillement maîtres en vertus et en plaisirs pour les autres nations, en faisaient grand usage durant leurs banquets, dans leurs bains et leurs hypocaustes, et ils en caressaient et restauraient leurs corps exercés à suer au gymnase. Nos anciens meubles, qui gardent encore l'odeur du musc, nous démontrent le bon sens de nos pères.
>
> Mais aujourd'hui, au grand scandale des hommes de bon goût, pour cent perruquiers qui enfarinent et suiffent de manière répugnante les têtes de cette vaste capitale, c'est à peine si l'on voit deux parfumeurs qui réconfortent les nez; et tandis que, où que mes yeux se posent, je ne vois que latrines ouvertes, on ne songe pas à s'abriter de l'odeur qui
>
> *Aequo pulsat pede pauperum tabernas*
> *Regumque turres.*
>
> Les plaisirs de l'odorat sont pourtant si innocents que, à ma connaissance, aucune secte ou religion ne les a condamnés, et parmi les sévères institutions

---

8. Cesare Beccaria, *Frammento sugli odori [Fragment sur les odeurs]*, in *Il Caffè [Le Café]*, S. Romagnoli éd., Milan, Feltrinelli, 1960, p. 37.

des cénobites, je n'en vois aucune qui impose le
vœu de chasteté pour les odeurs... Je serais bien
aise si je pouvais convertir ces hérétiques de la
volupté aux géniales conversations et aux toilettes
d'une dame[9].

La stratégie visant à anéantir l'« immondice » et à
« réembaumer l'air infesté par les exhalaisons[10] »
est parallèle à la réforme culinaire des élites où
fermente une volonté délibérée de rupture avec le
passé, dans une polémique serrée contre l'histoire,
les traditions, les attitudes mentales et les préjugés
des « siècles frustes » et du « vieux temps » (Muratori).
Les codes alimentaires de la culture des
Lumières reflètent le changement mental accéléré
d'une société en mouvement qui prend résolument
ses distances par rapport au goût et à la culture des
générations précédentes.

L'évolution du goût n'est toutefois jamais soudaine.
Elle vient de loin, lentement préparée au fil
des ans par l'inéluctable dévidage du grand écheveau
du temps. La Toscane des dernières décennies du
XVIIe connaît d'importantes infiltrations de coutumes
provenant de France. A Florence, le marquis Francesco
Riccardi, qui avait à son service un « confiseur
français », le recommandait, en juin 1690, à l'attention
du grand-duc, lequel, prudemment, temporisait

---

9. *Ibid.*, pp. 33-34.
10. *Ibid.*

avant de l'engager, voulant d'abord expérimenter ses qualités. Médiateur entre la Cour et l'aristocratie, Francesco Redi, très habile négociateur outre que connaisseur inégalable en sirops et juleps, informait le marquis Riccardi que Côme III apprécierait

> que son nouveau confiseur lui prépare une petite porcelaine de ces fruits au sirop appelés *compote*, évoqués ce matin, que S.A.S. goûtera volontiers mais qu'il n'en fasse point trop, car Son Altesse se réserve de goûter toutes les autres bonnes choses qu'il sait apprêter, lorsque, cet été, Votre Illustrissime Seigneurie donnera son habituel et somptueux goûter pour la fête de sainte Marguerite[11].

L'Italie adopte le « service à la française » (qui d'ailleurs était déjà entré à la cour de Côme III de Médicis, époux malheureux de Marguerite Louise d'Orléans); on place le *surtout** au centre de la table, le *dessert** devient indispensable, le *couvert** se personnalise.

Le goût des dames « de qualité » exige des consolations voluptueuses et un arsenal raffiné d'ustensiles élégants. Cristaux, porcelaines très fines, bols, sorbetières, cafetières, tasses, flacons, argenteries et émaux, petites boîtes et soucoupes accompagnent les nouveaux rituels du café, du thé, du chocolat, des sorbets, des rossolis, des pastilles et du « pastil-

---

11. Francesco Redi, *Lettere di F. R. Patrizio aretino, op. cit.*, vol. II, p. 393.

lage » coloré, des poudres, des biscuits et des petits fours, des langues-de-chat, des compotes, des conserves de roses et de violettes, des réductions, des clairettes (une « espèce de pâte de fruits transparente que l'on pourrait plutôt appeler gélatines sèches bien qu'on les serve encore comme les gélatines naturelles dans des jattes en cristal, à présenter dans des petits verres sans pied ou dans des boîtes tapissées de papier fin [12] »), des glaces et des glaçages, des fruits confits, des massepains, des mousses, des meringues, des *pignoccate* [gâteaux siciliens faits de farine frite dans de l'huile avec des pistaches et du miel, en forme de pyramide], des gaufres, des *maritozzi* [petits pains à base d'huile, de raisins secs et de pignes, cuits au four], des brioches perlées, des brioches glacées, des conserves sèches, liquides, royales, des dragées (les papillotes au chocolat, les *diavolini*, grosses dragées au chocolat), des perles, des fleurs confites, des fleurs et des fruits artificiels (« filets de cédrat glacés », « jasmins, violettes, jacinthes et jonquilles glacés »), des bonbons, du lait miellé, des bombes glacées, des « meringues », des crèmes, des sirops très délicats comme celui aux cheveux-de-Vénus, ou des « granités de jonquilles ».

Une table qui tend à convertir en raffinement et en élégance ce qu'elle perd en abondance et en opu-

---

12. Francesco Leonardi, *Apicio moderno ossia l'arte del credenziere [Apicius moderne ou l'art du pâtissier]*, Rome, Stamperia del Giunchi, chez Carlo Mordacchini, 1807, t. II, p. 83.

lence accorde à la vue une place privilégiée : elle se doit en effet d'offrir un coup d'œil de haute qualité. La tendance à un ennoblissement de l'appareil et à une gracieuse miniaturisation des ustensiles, parallèle à la mode des *petits soupers**, se manifeste dans le rapetissement de la vaisselle (les assiettes sont souvent réduites à des « soucoupes »), dans le *couvert** fortement personnalisé, dans le *surtout** composé de sujets divers, avec toutefois une nette préférence pour le temple construit en sucre *massé** (cuit à 125 degrés et travaillé à la spatule), dans le *dessert** scénographique édifié sur un vaste socle *en pastillage** (« mélange de gomme adragante, de sucre glacé, d'amidon et de citron* »), dans les vases de fleurs en pâte d'amandes. *Décors éphémères**, chefs-d'œuvre fugaces d'art décoratif créés par des maîtres pâtissiers géniaux et inventifs qui devaient être à la fois peintres, dessinateurs, modélistes, architectes, sculpteurs, fleuristes. Ces compositions monumentales, ces *tableaux** ramagés requéraient souvent quatre cents heures de travail, un quintal de sucre, quinze kilos de pâte d'amandes ; et des mains d'artistes virtuoses, inventeurs capricieux de « fabriques », de parcs à l'anglaise, de jardins à la française, de statues, de vases, de jets d'eau alimentés par une machinerie hydraulique cachée à l'intérieur, de tableaux évolutifs des quatre saisons, s'alternant sur un socle comme les temps d'une symphonie, passant d'un paysage hivernal (au début du repas) à une scène printanière puis à l'été, au fur et à mesure que la chaleur augmentait, pour fondre lentement, se liquéfier et finir dans le néant.

Des concerts sucrés que l'on voyait et entendait s'évanouir au son d'un orchestre d'instruments à cordes, aux notes vibrant et cascadant comme une musique sur l'eau.

C'est le triomphe de l'art du buffet, « où règne aussi bien le goût » que « la délicatesse et l'odorat. Il forme le plus beau des coups d'œil », écrivait le plus grand praticien-théoricien de cet appendice raffiné de la cuisine, « d'une table bien dressée. Après les plats, il sert de délice, de passe-temps et de récréation sur une table magnifique et somptueuse[13] ».

« Voilà plusieurs années — observait Francesco Leonardi en 1807 — que cet art a fait en Italie les progrès les plus rapides, et il pourra atteindre la perfection grâce au génie, au talent et à l'heureuse imagination des artistes[14]. »

> Je ne parle pas des travaux de four et de casserole, car, en cela, les Français nous ont largement surpassés et nous les avons imités et essayé de nous perfectionner ; mais il ne s'agit là que d'une simple restitution, puisque, deux siècles et demi auparavant, ils ont reçu de nous les premiers éléments du

---

13. *Ibid.*, t. I, p. 3.
14. *Ibid.*, p. 3.

bon goût et de la délicatesse sur la façon de servir à leurs tables... Les Français, par ailleurs pleins de génie, de talent, de mécanisme et d'une vive et fervente imagination, nous ont dépassés non seulement dans l'art de la cuisine et en grande partie dans celui du buffet, mais aussi en bien d'autres sciences et arts brillants qui forment et formeront toujours l'éloge de la nation française [15].

La reconnaissance de la supériorité qualitative et de l'hégémonie françaises dans le « bon goût » et la « délicatesse » de la science culinaire s'accompagnait toutefois de la conscience orgueilleuse que « cet art a fait en Italie les progrès les plus rapides [16] ».

Il n'est que d'observer la *composition des liqueurs fines de table*, arrivées à un point que l'on pourra difficilement surpasser, et la *manipulation et la variation des sorbets glacés*. Voilà deux objets de luxe, de délicatesse et de goût dont on peut se vanter dans toute l'Europe. *Liqueurs d'Italie, glaces à l'italienne**, disent les peuples des nations étrangères. La Toscane est renommée pour ses *liqueurs*, Naples pour ses *glaces*. Bien qu'à Rome, à Bologne et à Turin il y ait des fabricants de liqueurs qui ne le cèdent en rien à ceux de Florence et de Livourne ; il en va de même pour les glaces ; alors qu'à Rome et à Milan il est des artistes que beaucoup considèrent, pour le goût précis et bien combiné de leurs

---

15. *Ibid.*, pp. 4-5.
16. *Ibid.*, p. 3.

sorbets glacés, comme supérieurs à ceux de Naples, lesquels passent auprès d'eux pour être trop dominés par le sucre [17].

Sur le buffet, à côté des gâteaux et des sorbets, on alignait les liqueurs de table, gloire de l'épicerie italienne (dont descend la distillerie moderne), divisées en quatre classes principales :

> les liqueurs faites par *distillation*, les liqueurs faites par *infusion* et *distillation* et les liqueurs faites avec les *jus de fruits filtrés*. Ces quatre classes comprennent aussi bien les *rossolis* que les *ratafias*. Toutes ces liqueurs peuvent être simples ou composées de divers ingrédients. On peut définir les rossolis et les ratafias comme des liqueurs sucrées et aromatisées, faites pour satisfaire le goût et l'odorat [18]...

La composition des liqueurs fines de table dépend énormément du génie et du bon goût de l'artiste ; celui-ci peut en effet faire un bon nombre d'expériences sur chaque objet qui se présente à son imagination ; il peut réunir plusieurs liqueurs et en former d'heureuses combinaisons : celles-ci peuvent éclairer grandement la physique des odeurs et des saveurs et procurer aux voluptueux et aux délicats de nouvelles liqueurs qui sauront les satisfaire. Ces recherches théoriques m'engageraient dans de trop longs détails — écrivait l'Apicius moderne qui fut « cuisinier particulier et écuyer tranchant de Sa Majesté Catherine » à Saint-Pétersbourg. Je me contenterai donc d'exposer le plan méthodique et

---

17. *Ibid.*, pp. 3-4.
18. *Ibid.*, p. 23.

expérimental que l'on peut pratiquer en cette matière de luxe et de plaisir pour la table[19].

Ainsi, mettant à la disposition des « voluptueux et des délicats » les lumières de la « physique des odeurs et des saveurs », l'infatigable explorateur de la cuisine et du buffet, auteur de l'introduction romanesque à *Janine ou la cuisinière des Alpes [Gianina ossia la cuciniera delle Alpi]* (1817), trouva le temps de rédiger, entre un service et l'autre, onze volumes de recettes. De surcroît, ouvrant son office scintillante aux amateurs de luxe et de plaisir (les mots clés de l'hédonisme et de la philosophie morale profane du XVIIIe), il offre quarante-six variétés de rossolis, vingt-deux de ratafias, trente-huit de sirops, soixante-dix de breuvages ou boissons « les unes vinaigrées, les autres laiteuses et d'autres encore de simples fruits ou fleurs [que] l'on sert beaucoup à la saison chaude... infiniment rafraîchissantes et désaltérantes » et certaines, comme la « limonade, le jus acide du cédrat, l'orangeade, le granité, le sirop acéteux, l'oxymel, l'oxycrat, etc., allongées avec beaucoup d'eau fraîche ou à la neige, excepté l'oxycrat, sont un grand soulagement pour les fièvres purulentes, malignes, inflammatoires[20] ».

---

19. *Ibid.*, pp. 25-26.
20. *Ibid.*, p. 150.

La bienheureuse éternité potable

Urne de « neiges odorantes », écrin d'« humeurs congelées » et de « trésors gelés[1] », la sorbetière argentée ou dorée était depuis maintes années l'instrument des « délices glacées ». Dans l'aridité estivale, dans la chaleur des jours caniculaires, elle apparaissait tout embuée de givre, vision consolatrice, promesse de « mille diverses blandices ». Le sorbet au chocolat se transformait en un « glorieux élixir sacré de vie fraîche[2] ». Enrichi de vanille, d'écorce d'orange, de quelques gouttes de jasmin distillé, le chocolat glacé coulait le long du gosier pour consoler les esprits, soulager le sang quasiment caillé et coagulé au creux des poumons surchauffés, enflammés par le souffle implacable d'août, mois « distillateur de chairs vives ».

---

1. Lorenzo Magalotti, *Per un sogno avuto di tornare di Fiandra in Italia per le poste nel Sollione [Pour un rêve fait de revenir de Flandres en Italie par la diligence sous la canicule]*, in *La donna immaginaria*, op. cit., p. 228.
2. L. Magalotti, *La sorbettiera [La sorbetière]*, in *Canzonette anacreontiche di Lindoro Elateo*, Florence, Tartini et Franchi, 1723, p. 35.

> Sur un triomphal trépied
> Tout d'herbes et de fleurs orné
> Que soit élevé bien haut
> Ce glacial fourneau :
> Cet argent démesuré,
> Qui en son sein glacé,
> Garde vivant et frais
> Un automne de sorbets[3].

Pour le plaisir des goûters galants et l'« allégresse des dîners », le « miracle de la glace » faisait remonter du « noble gouffre »

> Écumes, neige, grêle nourricière
> De blancs orgeats,
> Enrichie de violettes.
> Ce superbe chocolat,
> Cette terreur des âpres hivers,
> Or, grâce à un rude tourment,
> Devenu de l'été l'ornement[4].

Les « jours ardents », la « manne occidentale glacée » entrouvrait de précieuses lueurs, enflammait des extases odorantes qu'attisait sa fragrance composite, exotique, de « double odeur aspergée » : la vanille (« des cultures indiennes / la fille la plus odorante ») et l'« écorce odorante » d'« orange illustre », « dont s'efforce de se faire riche la Toscane[5].

---

3. L. Magalotti, *Trionfo dei buccheri*, in *Lettere odorose di L. M. (1693-1705) [Lettres odorantes de L. M.]*, E. Falqui éd., Milan, Bompiani, 1943, p. 305.
4. *Ibid.*, p. 306.
5. L. Magalotti, *La sorbettiera*, *op. cit.*, pp. 34-35.

En approchant de tes lèvres
La mystique boisson si riche
Quelle fragrance, ô ma Nise !
Élevée, ineffable, admirable,
Pas seulement fragrance pour l'odorat, pour l'âme.
Elle est odeur, nourriture, elle est gloire, elle est
[veine,
Veine pérenne, à jamais durable,
Fraîche, suave, limpide, sereine,
Une bienheureuse éternité potable[6].

Cette « bienheureuse éternité potable » sur laquelle s'extasiait le comte Magalotti était le doux élixir au cacao que « ce sacré Nouveau Monde[7] » avait offert à la vieille Europe pour adoucir et raffiner le goût habitué depuis des siècles aux drogues piquantes en provenance de l'Orient. Liquide providentiel que l'Occident barbare inoculait aux veines des voluptueux Européens.

A peine as-tu fait couler
A pleines gorgées en ton gosier
Cette perle,
Cette gemme,
Ce beau julep américain ;

Aussitôt clapote en ton sein
Cette manne occidentale
Qui te lave, te nettoie

---

6. L. Magalotti, *Regalo d'un finimento di bucchero nero [Cadeau d'un service de* bucchero *noir]*, in *Lettere odorose, op. cit.*, p. 321.
7. L. Magalotti, *Lettere sopra i buccheri, op. cit.*, p. 108.

De tout souci âpre et mortel.
Et tandis qu'elle s'en va
Glisser en tes veines et artères,
Confondue et mêlée à la sauce vermeille,
Laquelle, grâce à elle, coule fluide et liquide,
Qui se souvient encore du Soleil ou de la Canicule[8] ?

Le nouveau trésor mexicain déversait de son intarissable corne d'abondance des mixtures étranges, juleps de rêve, poudres paradisiaques. Délices tropicales. Les « cultures indiennes », Pernambuc et Bahia, Panama et Santa Fe, Soconusco et Cartagena, le Brésil, le Guatemala, le Mexique envoyaient des merveilles jamais expérimentées qui, unies à celles d'Orient, formaient un « trésor géminé ». Des Indes partaient le « divin calambac », le santal, la cannelle ; d'Extrême-Orient, le thé et le cachou ; du Ponant, la vanille, la « gomme du Pérou », le baume de Tolu, le quinquina (la quinine aromatique), mais surtout le « goudron précieux », le « magistère indien, par qui le palais / été comme hiver est satisfait », le chocolat noir, « celui que tamise au bord du Tage / la vestale à Santa Chiara / grande poudre... » ; la « poudre très noire » qui, pour être apprêtée, attendait « des grains de musc par charretées, / des plaques de bézoard par onces, / du baume noir à foison, / de l'ambre gris par tonnes ».

---

8. L. Magalotti, *Regalo d'un finimento di bucchero nero*, op. cit., pp. 321-322.

> Tu sens courir en tes veines
> Le vent d'un soufflet de forge,
> Comme si le zéphyr, par tes lèvres,
> Y soufflait à pleine gorge :
> Comme si son exhalaison libérait
> Dès matin les mille drogues du Ponant :
> Baumes, bézoards et, fondues et diluées,
> Quelques larmes du très riche quinquina
> De Socunusco qui rend prospère le Guatemala.
> Mais aussi, c'est comme s'il avait attiré,
> De son souffle puissant,
> Outre ceux du Ponant,
> D'un coup, tout l'ensemble
> Des parfums de l'Aurore,
> Les fleuves des sérails et des mosquées,
> Comme s'il avait distillé en un nouveau style,
> Réuni en ses nobles poumons
> Comme dans un bel alambic d'or,
> Des deux contrées le trésor géminé[9]...

Les « farfadets parfumeurs[10] », en ce grand sabbat des arômes entrecroisés d'Orient et d'Occident, en ce grand manège sensitif du baroque finissant (« Trésors des Moluques, odeurs arabes », écrivait dans *La femme imaginaire* le vieux dandy florentin), couraient leur dernière folle sarabande. « Bon pain, bon vin, bons fruits, bon air, tels sont — disait le grand-duc Ferdinand — les trésors de nos zones tempérées : l'argent, l'or, les perles et les autres joies, tel est l'apanage des climats torrides... L'esprit, la

---

9. *Ibid.*, p. 322.
10. L. Magalotti, *Buccheri neri*, in *Lettere odorose*, *op. cit.*, p. 314.

grâce, la gentillesse, la salubrité, la recréation, telles sont les prérogatives des terres de notre Europe. La noblesse, la richesse, l'arôme, la majesté, le flou, la vitalité, l'admirable, telles sont celles qui échoient aux terres d'Amérique[11]. »

Ce qui était indigène, ce qui était cultivé dans les jardins, les potagers et les champs d'Italie ou qui poussait spontanément, semblait avoir perdu tout attrait :

> Cela vaut bien un trésor
> Cela vaut bien le Pérou,
> Si cela vient de Tolu,
> Si cela vient du Mogor[12].

La rose elle-même était entrée en disgrâce. Sous un soleil déclinant, elle continuait inutilement à fleurir. Son parfum semblait trop usuel, dépassé, légèrement vulgaire. Son charme antique, emblématique paraissait s'être évanoui :

> Parce que son pays la fait,
> Or plus personne ne la caresse,
> Tous la méprisent
> Princes et Marquises,
> Et sa fragrance est puanteur
> Si elle ne fleure pas les lointaines contrées[13].

---

11. L. Magalotti, *Lettere sopra i buccheri*, op. cit., p. 95.
12. L. Magalotti, *Il fior d'arancio. Ditirambo intitolato La Madreselva [La fleur d'oranger. Dithyrambe intitulé Le Chèvrefeuille]*, in *Lettere Odorose*, op. cit., p. 327.
13. *Ibid.*, p. 326.

Les fleurs éphémères sont apparemment destinées à connaître un destin identique : le flamboiement d'aubes fulgurantes et la mélancolie de crépuscules tout aussi immédiats. La France qui, au milieu du XVIIe siècle, s'émerveillait du cheveu-de-Vénus, l'avait déjà oublié au XVIIIe, au profit de l'exotique calycanthe, originaire de Floride, rebaptisé « le Pompadour » à cause du titre acquis par la plébéienne obscure et désinvolte qui s'en était servie comme talisman olfactif magique pour séduire le roi de France. Marie-Antoinette, moins heureuse, lança dans le beau monde de Versailles la mode, totalement passagère, de la fleur de pomme de terre. Il en alla de même pour la tubéreuse. Le jasmin à la fortune fragile connut un sort identique, détrôné par le chèvrefeuille. Celui de chez nous tomba en désuétude, vaincu par celui de Catalogne, apprécié surtout sous sa variété rare dite du *Gimè*. Mais aucun jasmin de Catalogne ne put rivaliser avec celui d'Inde, le *Jasminum sambac*, connu aussi sous le nom de « Mogorium goaense ». C'est en effet de Goa, via le Portugal, qu'il arriva au palais Pitti, par un beau matin de 1688, offrande du souverain lusitanien désireux de consoler l'hypocondriaque Côme de la perte de quelques plants qu'un père théatin avait tenté de lui faire parvenir, sans succès, car le navire avait fait naufrage. Le seigneur de Toscane s'en enticha à tel point qu'il le fit garder jalousement dans sa villa de Castello, interdisant formellement à quiconque d'en faire des greffes, des repiquages, des marcottes. L'amour exclusif pour cet arbrisseau de la part du sire d'Etrurie qui — au dire des ambassadeurs accrédités au palais Pitti — « ne désirait pas son épouse[14] » et que « l'on ne vit jamais rire[15] » — lui valut le surnom de « jasmin du Grand-Duc ». De cette petite plante rarissime et intouchable pendant plus d'un siècle (seul Pierre Léopold en autorisa les repiquages à la fin du XVIIIe) dont la fleur exhalait un parfum inégalable (« le souffle de ton sein / est poison / à la gloire de toute fleur[16] »), Magalotti réussit à envoyer à la reine Anne d'Angleterre un exemplaire. Sec, toutefois, afin de ne pas outrager la passion morbide que Côme nourrissait pour le « jasmin double de Goa dit jasmin du cœur ».

Ce prince ennemi du vice, d'une « merveilleuse continence[17] », passionné de cosmographie, de géométrie (à l'instar de tous les derniers Médicis), d'astronomie, de botanique, d'agrumiculture et de pomologie, qui inclinait uniquement « à manger trop abondamment[18] », « sombre » car souffrant

---
14. *In giro per le Corti d'Europa. Antologia della prosa diplomatica del Seicento italiano [Voyages de par les Cours d'Europe. Anthologie de la prose diplomatique du XVIIe italien]*, E. Falqui éd., Rome, Colombo, 1949, p. 489.
15. *Ibid.*, p. 488.
16. L. Magalotti, *Sopra il mogarino stradoppio detto del cuore, mandato secco a Londra [Sur le jasmin quadruple dit du cœur, envoyé sec à Londres]*, in *Canzonette anacreontiche di Lindoro Elateo, op. cit.*, p. 22.
17. *In giro per le Corti d'Europa, op. cit.*, p. 489.
18. *Ibid.*, p. 488.

d'« affection mélancolique[19] », se consacrant à d'incessants exercices de dévotion, à des « pénitences et abstinences[20] » (la « petite intempérance dans la nourriture[21] » était une faiblesse insignifiante, un ersatz nécessaire à la carence d'affection matrimoniale), tomba éperdument amoureux d'une fleur. Il détestait sa femme, la belle, la vivante, la piquante Marguerite Louise d'Orléans, nièce du Roi Soleil, « pétrie de galanterie[22] », laquelle, ne voulant pas renoncer à « vivre à la française[23] », se complaisait en « chants, bals et chasses[24] ». La « sérénissime épouse » qui, en ses rares moments de désespoir, envisageait de « se cloîtrer en France dans un couvent », plutôt que de « régner à Florence aux côtés du grand-duc[25] », se consolait du mieux qu'elle pouvait, « et surtout en donnant des goûters[26] ». Née au XVIIe siècle, cette mode de prendre des collations sur l'herbe devint l'un des actes fondamentaux de la vie galante du XVIIIe, avec les « petits soupers* » et les fêtes champêtres, dans un monde embelli par les poésies bucoliques arcadiennes.

Pour ces goûters sur l'herbe, rien n'était préférable

---

19. *Ibid.*
20. *Ibid.*, p. 491.
21. *Ibid.*, p. 490.
22. *Ibid.*, p. 493.
23. *Ibid.*
24. *Ibid.*
25. *Ibid.*, pp. 494-495.
26. *Ibid.*, p. 493.

à l'omelette. En Toscane, les plus appréciées étaient celles (pas très arcadiennes, en vérité) composées de « grains », c'est-à-dire de testicules d'agneau et d'autres quadrupèdes moins aimables et dociles. Dans une œuvre de maturité, *Le goûter*, Magalotti — passé de l'Académie du Cimento à celle de la Crusca puis à l'Arcadie — invitait la « bergère » Nise à « apaiser sa faim » en faisant frire dans le lard une belle poêlée de testicules : « de mille agneaux pour apaiser ta faim / Tués jeunes dans une écuelle d'airain / Les grains abortifs d'un troupeau frit[27] ». Il semble toutefois que le comte exagérât. Dans une lettre envoyée à Léon Strozzi, au printemps 1694, il déplorait en effet que « lors des goûters de cette saison, les grains et les omelettes... à leur apparition sur table, ne [fussent] pas appréciés[28] ». Si la « Sérénissime Patronne » avait daigné se rendre à un goûter dans son « potager », il se serait bien gardé de lui offrir (ainsi qu'aurait désiré le faire son valet avec certaines dames) un « pain lavé de cachou » (des tranches de pain grillées après avoir été mouillées d'eau et assaisonnées d'une sauce aux fleurs jaunes de cachou) ; il lui aurait présenté une omelette d'œufs frais (la très classique et très fine omelette à la florentine), du « bon jambon du Casentino » et, en

---

27. L. Magalotti, *La merenda*, in *Canzonette anacreontiche di Lindoro Elateo, op. cit.*, pp. 62-63.
28. *Lettere del Conte Lorenzo Magalotti Gentiluomo fiorentino, op. cit.*, p. 43.

guise de galanterie, un pain lavé avec du « bon muscat, beaucoup de sucre dessus et beaucoup de glace dessous [29] ». Cela eût été un « cadeau gaspillé » que de régaler certaines personnes (fussent-elles de qualité et de haut rang) de délices que seuls les grands voluptueux, au nez parfaitement éduqué, savaient apprécier. Cela eût été un vain raffinement que de mettre à bouillir « au fond d'un *bucchero* de Maya, dans de l'eau de Cordoue, quatre ou six tessons de *bucchero* de Guadalajara gardés toute une année dans une peau ambrée afin qu'ils s'imprègnent de son parfum, avec un denier de larme de quinquina ». Et, du moment que « pour ces gens, le plus grand cadeau ne consiste pas en l'odeur » mais « à leur faire l'honneur de feindre de croire qu'ils se délectent des odeurs [30] », n'importe quelle bouillie parfumée pouvait convenir : « pour eux, tout est bon ». Au lieu de gâcher du matériel rare et coûteux, mieux valait préparer à « ces Tatars domestiques » quelque chose de moins sublime, s'en tenir à une recette de quatre sous : « une écorce d'orange vide, un peu de benjoin pilé, deux clous de girofle écrasés, un brin de cannelle, couvrir le tout d'eau de rose dans les règles de l'art, et mettre à bouillir sur le brasero [31] ». Pour un *tête-à-tête** sur l'herbe, une omelette fleurant bon la fleur d'oranger constituait le

---

29. L. Magalotti, *Lettere sopra i buccheri*, *op. cit.*, p. 342.
30. *Ibid.*
31. *Ibid.*, p. 343.

plat idéal, une gourmandise facile à préparer, d'un coût peu élevé, simple et pourtant captivante. Absolument pas vulgaire.

> Que ferons-nous ? Oh, je me rappelle
> Une préparation d'omelettes,
> Si je ne m'abuse, bonne et belle :
> Ecoute, Nise, tu m'en seras gré.
> La recette s'énonce en peu de mots
> Et la dépense est légère,
> Œufs, beurre, sel et feu :
> L'affaire est très brève.
> Ce qu'elle a d'insolite
> Se réduit à bien peu :
> Et même non aveuglé par Amour
> Elle me semble appétissante.
> Après avoir bien battu les œufs,
> Dans les règles de l'art,
> Ajoute dans la poêle
> Des fleurs d'oranger émiettées
> Que tu auras réservées [32]...

Cela dit, à un goûter vraiment galant (hormis l'« ambre des Canaries ou de Tersera », le « Tokay hongrois », le Frontignac et le « vin fruité de Bacharach »), la sorbetière ne pouvait manquer. A la campagne, « pour la fraîcheur / en tête à tête, / pour la joie et la fête, / Nous aurons un petit mais noble rafraîchissement. / Sous un chêne chevelu, où l'on se

---

32. L. Magalotti, *Frittata [Omelette]*, in *Canzonette anacreontiche di Lindoro Elateo*, op. cit., p. 69.

perd, / tant il est grand et démesuré, / sur une roche couverte / d'une mousse très verte », devait trôner une

> sorbetière ample et dorée
> superbe de majesté,
> se dressant au beau milieu
> l'extérieur tout embué [33].

Quand la dame l'ouvrirait, elle y trouverait

> Quatre livres de belles fraises
> Grosses comme une grosse noix, voire plus,
> Lavées en une eau d'ambre, et en un rossolis
> Le plus odorant qu'il y ait jamais eu ;
> Puis trempées, à la pointe du jour
> Dans un verre de lait, et déposées
> En un pot-pourri que le Shah
> Paierait un trésor pour posséder [34].

Que ce fût pour « le divertissement de la chasse » ou comme « offrande sur les tables [35] », de nouvelles espèces d'animaux étaient venues grossir les réserves princières italiennes.

A mon époque, j'ai vu arriver en Toscane — écrivait en 1683 Magalotti à son imaginaire correspondant « athée » — des paons blancs, des faisans blancs, des pintades, des perdrix de Corse, des

---

33. L. Magalotti, *La merenda, op. cit.*, p. 61.
34. *Ibid.*, pp. 61-62.
35. L. Magalotti, *Lettere familiari* [contre l'athéisme], *op. cit.*, 1ʳᵉ partie, p. 317.

gelinottes ; à propos de ces dernières, il y a trente ans, on n'en trouvait pas ou très peu dans une seule réserve, tandis qu'aujourd'hui, il existe plusieurs réserves composées essentiellement de gelinottes. Il en va de même pour les daims blancs et les daims noirs, les lapins gris et les lapins noirs[36]...

Afin de divertir les dames, d'apaiser leur « désabusement » (le terme avait commencé à circuler parmi la génération postgaliléenne, et déjà Evangelista Torricelli avait parlé de « désenchantement » et d'« Europe désabusée » bien avant que Magalotti, outre la langueur de l'esprit, n'évoque à maintes reprises le « blasement et l'hypocondrie de la gourmandise », cette « dissection moderne désabusée » se répandant de plus en plus à une époque où la crise de la conscience européenne investissait aussi la gastronomie, l'appétit antique, le goût post-Renaissance), on avait importé des « chiens mouchetés de Pologne, et maints autres nouveaux croisements très étranges de petits chiens *de estrado*, introduits je crois dans la nature par la curiosité blasée de nos dames[37] ».

Les plantations américaines et, en particulier, les îles de la mer des Caraïbes, expédiaient en abondance les sucres « si prodigieusement accrus par les Anglais dans les îles de la Jamaïque, des Barbades,

---

36. *Ibid.*
37. *Ibid.*

de Nevis, de Saint-Christophe, d'Antigua, de Montserrat[38]... ». Au XVIIIe, grâce à l'afflux incessant de sucre de canne, à la nouvelle route du sucre qui en abaissa les coûts et substitua partiellement l'usage antique du miel et des figues, les hymnes au sucre se multiplièrent et l'art de le travailler atteignit à son apogée. En outre, on se mit à cultiver sous serre et dans les jardins, provenant du Nouveau Monde, « d'innombrables fleurs et fruits étrangers dont — notait Magalotti en 1683 — nous voyons aujourd'hui notre Italie abonder[39] ». On observa également une grande affluence de nouvelles essences grâce à l'art des greffes exercé par l'« admirable mélancolie des fleuristes et des chevaliers agriculteurs[40] ». Surtout dans la Toscane des Médicis où les grands-ducs et les princes étaient souvent aussi des « philosophes naturels », observateurs passionnés de l'ordre de la nature, avides de merveilles végétales. L'antique « art de faire des greffes[41] », « véritable manufacture de l'art[42] », donnait fréquemment naissance à des extravagances botaniques excentriques, à des « plantes de bizarrerie », « gloire et stupeur des jardins étrusques[43] », dont il était difficile de savoir

---

38. *Ibid*, p. 316.
39. *Ibid*.
40. *Ibid.*, p. 300.
41. *Ibid.*, p. 301.
42. *Ibid*.
43. Carlo Roberto Dati, *Il cedrarancio. Selva [La bigarade. Sylve]*, in *Prose*, E. Allodoli éd., Carabba, Lanciano, 1913, p. 102.

jusqu'à quel point elles constituaient « un véritable et légitime accouchement de la nature », ou bien un fruit hybride, déviant, « conçu... en adultère par l'artifice humain[44] ». La perplexité, tel fut le sentiment suscité par l'imprévisible création de la bigarade (*cedrarancio*) qui poussa un jour de 1640 dans un jardin de la périphérie de la Torre degli Agli, propriété de l'étrange chanoine florentin Lorenzo Panciatichi, membre exemplaire de la Crusca, auteur de vers dithyrambiques et de brillantes *cicalate* — ces discours élégants brodés sur des thèmes bizarres ou futiles en vogue à l'académie de la Crusca —, intime de Magalotti, qui finit ses jours l'été 1676 (victime d'un excès de mélancolie) en se jetant au fond d'un puits. « Fruit hermaphrodite[45] », mi-orange mi-citron, il fut malaisé de déterminer avec certitude l'exacte paternité de cette « bizarrerie ». Carlo Roberto Dati, qui narra l'événement en prose et en vers dans son style mémorable, se demandait si cette « belle monstruosité[46] » était « un caprice de l'art ou de la nature ou, pour être plus exact, de la fortune[47] ». Magalotti, ami de Dati et de Panciatichi, n'avait en revanche aucun doute quant à la responsabilité du jardinier qui avait assemblé ainsi « soit les

---

44. L. Magalotti, *Lettere familiari* [contre l'athéisme], *op. cit.*, 1re partie, pp. 299-300.
45. C. R. Dati, *Il cedrarancio. Veglia [La bigarade. Veillée]*, in *Opere di C. R. D.*, *op. cit.*, p. 81.
46. C. R. Dati, *Il cedrarancio. Selva*, *op. cit.*, p. 102.
47. C. R. Dati, *Il cedrarancio. Veglia*, *op. cit.*, p. 81.

graines, soit les greffons de l'orange, du citron et du cédrat, afin qu'en jaillissent des rejetons aptes à produire ces trois fruits chacun pour soi, puis un fruit mâtiné de chacun des trois à la fois[48] ».

Le goût du rare, du bizarre, du monstrueux outrepassant l'ordre géométrique naturel, amena les collectionneurs à immortaliser sur la toile les fragments insolites de cette mystérieuse *vis genitiva* qui, en déviant, produisait d'aberrantes créations. Opérant dès le règne de Côme Ier, les spécialistes de la représentation florale et fruitière continuèrent, de génération en génération, à peindre les richesses de Pomone la Toscane et les bizarreries incontrôlées éblouissant les gentilshommes floriculteurs et agriculteurs. Magalotti, qui à l'époque du prince Léopold était surintendant des Médicis au « musée des choses naturelles » et qui, pour le même prince, avait observé et décrit avec une attention subtile à la limite du morbide le souffle nocturne, la respiration odorante et la « merveilleuse extravagance » du *Pelargonium triste, sive indicum*, avait à Florence une demeure regorgeant de desseins et de peintures naturalistes (poissons et « coquillages » compris). En 1704, au soir de sa vie, il ouvrit certaines armoires et y trouva des toiles oubliées :

---

48. L. Magalotti, *Lettere familiari* [contre l'athéisme], *op. cit.*, 1re partie, p. 301.

... en fouillant mes placards, mes yeux furent attirés par certaines peintures de fleurs et de fruits hors du commun — écrivait-il à Léon Strozzi, collectionneur de *buccheri*, de coquillages, de raretés en tous genres, de porcelaines (les manufactures médicéennes avaient tenté de reproduire les porcelaines chinoises, mais avec des résultats décevants) — : par exemple, une jacinthe de cent trente-six clochettes, qu'eut le cardinal Giovanni Carlo en son jardin de la rue de la Scala, un fameux œillet né en Flandre, de la grosseur d'une pivoine, et frais de surcroît, un jasmin double quadruple, né deux ans auparavant au jardin de Castello de plus de trois cents feuilles, un abricot, né cette année dans le verger de la Vagaloggia, pesant plus de cinq onces et dix deniers, et, pour finir, un jasmin de Catalogne né le mois dernier dans les Jardins des Magalotti, de plus de dix-sept feuilles. Dites-moi si, parmi ces raretés, il est quelque chose qui vous conviendrait[49]...

---

49. *Lettere del Conte Lorenzo Magalotti Gentiluomo fiorentino*, op. cit., p. 117.

La botanique du palais

Outre le café qui, avec le chocolat, devient le liquide emblématique de la nouvelle société à deux visages, nerveuse et paresseuse, vive et molle, diligente et voluptueuse, s'abandonnant à des réveils tardifs ou s'activant en des aubes précoces, orangeades et citronnades trônaient sur la table des Lumières. Elles s'accompagnaient d'une « botanique du palais[1] » choisie qui, avec « les herbes et les fruits les plus savoureux d'Asie, d'Afrique et d'Amérique, les asperges, les melons, les laitues les plus exquises de Hollande », servait de garniture aux « raisins de Bonne-Espérance » et à l'« illustre lignée des ananas[2] ». Entre le XVIIe et le XVIIIe siècle, la Hollande importe des terres d'Orient et de la mer des Caraïbes un échantillon inédit de marchandises inconnues du vieux système économico-alimentaire. Et si la tulipe devient un peu la

---

1. Pietro Verri, *Articles tirés du « Café »*, in *Opere varie, op. cit.*, p. 48.
2. *Ibid.*

fleur symbolique de l'ingéniosité batave (en concurrence avec la Compagnie des Indes anglaises), les nouveaux légumes hybrides, les nouveaux fruits, les nouveaux raisins et les nouvelles herbes utilisées pour préparer des infusions inédites font leur entrée dans le monde aristocratique et bourgeois d'Italie et d'Europe.

Aujourd'hui — écrivait en 1705 Lorenzo Magalotti à Léon Strozzi —, je suis allé visiter une dame, arrivée depuis peu de Hollande. Sans évoquer le monde de porcelaines très choisies que j'ai vu, je vous parlerai seulement d'une rareté qu'elle m'a fait la grâce de m'offrir, et dont je crois qu'elle vous parviendra comme elle nous est parvenue. En bref, elle m'a servi du thé Bu. « Bu » doit être un mot indien. On ne connaît pas son véritable sens. On sait cependant que c'est le nom distinctif d'une espèce particulière de thé, arrivée il y a trois ans de la même région d'où vient l'autre thé. Sa feuille tirant sur le noir est recroquevillée comme le thé vert; mouillée et dépliée, elle est notablement plus grande que la verte, et se prépare de façon identique. La différence tient en ceci que, là où le thé vert, versé dans le bol, montre une couleur tirant sur le jaune, l'autre prend la couleur des roses, son odeur et sa saveur évoquent également la rose, comme le vert tire sur la violette, et il est tenu pour plus diurétique que le vert. Pour le vert, la mode aujourd'hui est de ne plus mettre le sucre dans le bol, mais en échange de mettre en bouche un morceau de sucre candi, et en absorbant le thé bouillant par-dessus, de le faire fondre à chaque gorgée, et de rendre ainsi sirupeux le thé au fur et à mesure qu'on le boit ; mais le thé Bu étant plus austère, on le met à fondre dans le bol[3]...

Les pains de sucre hollandais n'avaient aucun concurrent, pas même parmi les sucres vénitiens. Et de Hollande provenaient des essences inconnues que l'« Italien voluptueux », adorateur des « glaces mystérieuses de fleurs et de fruits potables tirées de ses sorbetières dorées[4] », analysait avec une précision toute scientifique et une sagesse très délicate :

> ... avant-hier soir — confiait Magalotti à Léon Strozzi dans une lettre d'octobre 1705 — le Sérénissime Prince de Toscane me fit la grâce de me présenter deux liqueurs que, à ma connaissance, on ne trouve pas chez nous, et que S.A. avait reçues récemment de Hollande, arrivées sur les derniers navires de Batavie. Ce sont deux petites carafes d'essences, que l'on reconnaît toutes deux comme des essences d'agrumes ; l'une absolument de fruits, l'autre de fleurs, et plus vraisemblablement de feuilles, voire de pointes ou de cimes, pour parler à la romaine. Dans celle de fruits, on sent toute la fierté soufrée de l'écorce verte de la jambose, à un point si terrible qu'au premier relent on a l'impression d'y percevoir la senteur de l'ambre mais ensuite, lorsqu'on l'étudie posément, on découvre indiscuta-

---

3. Lorenzo Magalotti, *Lettere del Conte L. M. Gentiluomo fiorentino*, *op. cit.*, pp. 136-137. On la trouve aussi dans L. M., *Scritti di corte e di mondo*, E. Falqui éd., Rome, Colombo, 1945, pp. 346-347. Sur le « Thé Bout », voir aussi Francesco Leonardi, *Apicio moderno*, *op. cit.*, t. II, pp. 333-334.
4. L. Magalotti, *Lettere familiari* [contre l'athéisme], *op. cit.*, p. 202.

blement l'agrume, et parmi les agrumes, l'acuité, comme je le disais, de la jambose, d'une couleur tirant sur le blanchâtre. L'autre, qui est plus jaune, plus claire et aussi très suave, a précisément cette même odeur qui reste sur les bouts des doigts quand on a écrasé des pointes de cédrat ou de limette[5].

Cette extraordinaire habileté à évoluer au cœur des labyrinthes végétaux, cette subtilité sensitive pour reconnaître au toucher et à l'odorat les multiples messages de la botanique classique et exotique; l'art savant d'imaginer et de réaliser avec une brillante inventivité greffes et hybridations afin de produire de nouvelles variétés, tout cela naissait des longs séjours qu'effectuaient les aristocrates les plus raffinés dans les potagers, les vergers, les serres et les cabinets d'étude en plein air.

Dans les « serres réchauffées avec soin » du jardin divisé en deux sections du marquis Pietro Verri, l'une « toute faite sur le goût français du *parterre** », l'autre conçue à l'anglaise où domine, incontrôlable, libre de toute géométrie programmée, la « nature féroce[6] », on cultive non seulement les « fruits les plus exotiques et étranges[7] » mais aussi on peut cueillir, « vers la fin de l'automne », « les pêches,

---

5. L. Magalotti, *Lettere del Conte L. M. Gentiluomo fiorentino*, op. cit., pp. 135-136; voir aussi *Scritti di corte e di mondo*, op. cit., p. 346.
6. P. Verri, *Articles tirés du « Café »*, in *Opere varie*, op. cit., p. 49.
7. *Ibid.*, p. 48.

les cerises et tant d'autres dons du printemps et de l'été[8] ». Deux générations après Magalotti, l'exotisme et le cosmopolitisme étaient devenus si envahissants qu'ils reléguaient en marge la symétrie méditée du jardin à l'italienne, fruit symbolique de l'harmonie du monde et reflet paradisiaque du cloître céleste. Dans ces serres et ces jardins réformés, on cultivait, entre autres, l'ananas dont Francesco Leonardi, cuisinier cosmopolite, véritable Apicius italo-pétersbourgeois, proposait une gélatine qui « pourra être utilisée pour les *sorbets glacés et les gélatines d'entremets*, en l'absence du fruit frais[9] ». « De toutes les plantes exotiques — écrivait Giuseppe Baretti à ses frères en 1760, tandis qu'au milieu des désolations lusitaniennes il errait dans des champs de "romarin à l'odeur très délicate" —, je n'en connais et n'aime point d'autres que l'ananas, fruit des Tropiques, dont j'ai ouï dire qu'il est introduit en maintes parties d'Italie[10]. »

Fruit à l'« odeur agréable », à la « saveur délicieuse » et totalement particulière « car elle en contient plusieurs réunies en une seule », il devint, par son « exquisité », une présence indispensable sur les « tables les plus somptueuses dont ils constituent l'ornement et les délices[11] ». Son « exquisité »

---

8. *Ibid.*
9. F. Leonardi, *Apicio moderno, op. cit.*, t. I, p. 95.
10. Giuseppe Baretti, *Lettere familiari a' suoi fratelli [Lettres familières à ses frères]*, Milan, Silvestri, 1836, p. 216.
11. F. Leonardi, *Apicio moderno, op. cit.*, t. I, p. 260.

fut si notoire que ce fruit « très agréable » s'imposa irrésistiblement au temple du goût du XVIIIe, importé des tropiques, puis cultivé dans des « *poêles* » ou serres lombardes, toscanes, romaines et autres. La nouvelle culture se répandit un peu partout. « En Italie surtout — se souvenait Francesco Leonardi —, on en trouve d'excellentes plantations sous serres. A Rome, nous en avons au jardin du Quirinal, au Jardin indien du Vatican et dans la ravissante villa du Pincio ; aussi peut-on dire que ce fruit très agréable n'est plus vraiment rare [12]. » De Paris à Berlin, « le jaune ananas* », enfant « d'un faux été* », distribuait généreusement « de son fruit le trésor usurpé*[13] ». Aux jardins de Sans-Souci, « créés, pour ainsi dire, par ce Roi avec l'art d'Armide[14] », à Potsdam, ils mûrissaient pour le plaisir de Frédéric et de ses hôtes extraordinaires.

> Ce climat est si peu éloigné du chemin du soleil — écrivait Francesco Algarotti dans une lettre de 1751 — qu'il rivalise presque en toutes choses avec les climats les meilleurs : et là où la nature s'est montrée moins bienveillante, l'art y supplée ainsi que l'étude. Et n'allez pas aussitôt croire que, de ce pays, on peut dire ce qui fut dit de Varsovie par un de nos beaux esprits :

---

12. *Ibid.*
13. Jacques Delille, *Les jardins, ou L'art d'embellir les paysages. Poème, par M. l'abbé De Lille*, Paris, Valade, 1782, p. 93.
14. F. Algarotti, *Lettere varie*, in *Opere, op. cit.*, vol. IX, pp. 186-187.

*Un citron de Naples serait
Un tel fleuron, que si le roi l'avait
Sur le diadème royal il l'enchâsserait.*

Vous mangeriez ici d'excellentes pêches, de bons melons et des figues qui, parfois, ne le cèdent en rien à celles de chez nous, au long cou tordu et à la peau éclatée : et ici, l'ananas, cette manne, ce roi des fruits, est un fait presque commun [15].

Aux « dîners du Roi », à cette même époque, notre Algarotti jouissait en outre de l'« esprit rare de monsieur de Voltaire [16] », un esprit qui, au dire de l'abbé Bettinelli, « prenait grande quantité de café après avoir dégusté les bonnes bouteilles [17] ».
Les fruits « royaux », découpés en tranches transversales, « s'assaisonnent avec du vin d'Espagne et du sucre, ou bien avec de l'eau-de-vie et beaucoup de sucre ou encore avec du rossolis et du sucre [18] ». Manne princière, « ils se mangent aussi cuits dans du vin blanc puis confits avec du sucre à la manière des coings... Avec les ananas — c'est toujours l'Apicius moderne qui nous le rappelle —, on prépare deux compotes, une conserve, des réductions, des gelées, une clairette et un sorbet glacé [19] ». Et, en

---

15. *Ibid.*, pp. 185-186.
16. *Ibid.*, p. 187.
17. Saverio Bettinelli, *Lettere a Lesbia Cidonia sopra gli epigrammi [Lettres à Lesbia Cidonia sur les épigrammes]*, in *Opere edite e inedite in prosa ed in versi dell'abate S. B., op. cit.*, vol. XXI, p. 39.
18. F. Leonardi, *Apicio moderno, op. cit.*, t. I, p. 261.
19. *Ibid.*, pp. 261-262.

tout cas, « une gélatine d'entremets, à utiliser en l'absence du fruit frais ».

Le nouvel exotisme se tourne vers l'Orient, vers les terres du Soleil-Levant mais surtout vers l'énigmatique Chine. A Parme, en 1769, on organisa une « foire chinoise », avec des « vêtements à la chinoise[20] ». Ses porcelaines envahissent les intérieurs occidentaux, ses soies, ses *boiseries** et ses *papiers peints** tapissent les murs des salons élégants. Mais non sans certaines réserves, émises par les plus subtils connaisseurs tels que Algarotti.

> La médiocrité des Chinois, comme en maintes autres choses, se manifeste aussi clairement en peinture. Qui parlerait de diversité d'écoles ou de manières chinoises aurait tort. Toutes leurs figurines ou leurs pagodes font partie d'une seule famille : et l'on dirait que cette innombrable nation n'a jamais eu qu'un seul œil pour voir les objets et une seule main pour les représenter[21].

Difficile d'imaginer que l'hôte raffiné de Frédéric II avait coutume de revêtir en guise de robe de chambre une « simarre en soie aux motifs chinois ramagés », dans laquelle le « jeune seigneur » parinien glissait ses chairs oisives. La Perse, après l'incroyable succès européen des *Lettres* du baron de Montesquieu, s'insinua elle aussi dans les rêves

---

20. *Carteggio di Pietro e Alessandro Verri*, op. cit., vol. III, p. 19.
21. F. Algarotti, *Pensieri diversi*, in *Opere*, op. cit., vol. VII, p. 235.

(entre autres culinaires) de certains nobles italiens, et le comte Trivulzio della Somaglia à Milan « faisait préparer des plats à la persane, d'après les recettes de Jean Chardin [le grand explorateur de la Perse, Paris, 1643-1713], et ils étaient bons [22] ».

L'internationalisme de la gastronomie et le cosmopolitisme du goût sont particulièrement vivaces dans la joyeuse bataille des vins livrée entre les « allègres liqueurs des collines françaises / ou d'Espagne ou de Toscane, ou la bouteille / hongroise à qui Bacchus concéda la couronne / du vert lierre, et dit : "Prends place / ô reine des tables [23]..." ». Les vins italiens, quant à eux, sortent perdants de ce conflit polychrome entre liquides odorants, sur fond de panorama œnologique mouvementé et multiple. La « bouteille hongroise », le Tokay, triomphe partout.

> Excellente chose que l'eau, aussi en bois-je d'abondance ; sans manquer pourtant de la couper avec la divine boisson d'Homère, lequel ici [à la cour de Frédéric le Grand] est, vous le savez, beaucoup plus en vogue que ne l'est Pindare... Le premier verre pour moi, disait sir Temple, le second pour mes amis, le troisième pour l'allégresse, et le quatrième pour mes ennemis... Mais quand je bois le quatrième ou le cinquième verre pour mes ennemis, je leur fais le plaisir de boire du Tokay. Oh ! quel vin, mon cher messire Francesco ! [F. Maria

---

22. *Carteggio di Pietro e Alessandro Verri*, op. cit., vol. III, p. 309.
23. G. Parini, *Il Mattino*, vv. 80-84.

Zanotti, à qui Algarotti adresse cette lettre de Potsdam en 1750.] Et si notre Redi en avait goûté, surtout les crus de 1715 ou de 1726, il aurait changé d'avis et n'aurait point affirmé, j'en suis certain,

Montepulciano, de tous les vins, est le roi[24].

Des quatre coins du monde, les vins les plus élégants débarquent sur les tables d'Italie : d'Allemagne, d'Autriche, du Tyrol, les malvoisies des Canaries, le muscat de Madère, les blancs du Liban, de Chypre, de Smyrne, les rouges de Samos, les rouges et les blancs de Scopoli (une île du Pont-Euxin), les blancs de Hongrie (le Saint-Georges, le *Sciumelao*, le Razestoff) et les rouges (l'Erlau, le Vaxen), sans oublier bien entendu les vins français, ibériques, lusitaniens. Cela peut paraître surprenant, mais même les vins blancs et rouges du cap de Bonne-Espérance arrivaient jusqu'aux tables italiennes. Les bouteilles de l'Afrique australe guerroyaient avec celles du Danube, au milieu du scepticisme et de l'indignation des lettrés de la vieille Italie, de l'antique et mythique Œnotria. Girolamo Baruffaldi, depuis sa Ferrare isolée et glorieuse, faisait lancer à son *Bacchus à Ferrare* des invectives contre le « musculeux et barbare Tokay, / qui teint les lèvres et jamais ne désaltère[25] ».

---

24. F. Algarotti, *Lettere varie*, in *Opere, op. cit.*, vol. IX, pp. 164-165.
25. Girolamo Baruffaldi, *Bacco in Giovecca [Bacchus à Ferrare]*, in *Baccanali*, Bologne, Lelio dalla Volpe, 1758[2], vol. I, p. 11.

De Bassano, G. B. Roberti rappelait avec une pointe d'amertume (dans son style de vieux seigneur) l'ancienne suprématie de la terre du vin.

> L'habituel décorum des repas, s'ils sont quelque peu solennels, c'est vouloir boire des vins qui ont franchi les mers et les Alpes. Le vin du cap de Bonne-Espérance et le Tokay, réputés être les meilleurs du globe, ne sont pas inconnus de nous, particuliers. Les fiasques italiennes n'ont plus une dignité suffisante ; et pourtant, il s'agit bien de cette Italie qui, avec ses vendanges, offrit, entre autres vins célèbres, celui d'Opimianum [26].

Les vins de Hongrie, d'Afrique du Sud, tous ceux qui avaient traversé « les mers et les Alpes », les bouteilles étranges et bizarres arrivées des lointaines contrées, enrichissaient de leur blason exotique le prestige des tables cosmopolites. De même qu'elle était en difficulté dans le domaine des liquides, la tradition italienne perdait également du terrain quant au choix des solides. En effet, la bouteille étrangère, l'« opaque bouteille » du monde doré de *La mode* de Roberti, avait chassé des tables élégantes la fiasque italienne. Le comte-abbé de Bassano, très sensible aux oscillations et aux nouvelles tendances du goût, tout en enregistrant les préférences et les mutations en cours, mesurait les résistances que la province et

---

26. G. Roberti, *Lettera ad un vecchio e ricco Signore feudatario...*, in *Scelta di lettere erudite del padre G. R.*, op. cit., p. 131.

la tradition nationale opposaient à l'avancée apparemment irrésistible des coutumes alimentaires et des manières snobs venues de toutes parts, souvent pêle-mêle.

Le vin de Lombardie est un vin de table sain et plein — écrivait Roberti d'un village de Vénétie, le jour de la Saint-Martin 1780, à Gian Lodovico Bianconi — ; le nôtre est également sain, mais il est plus piquant pour faire la fête et plus capiteux pour dîner... Presque chaque famille de seigneurs a ses bouteilles domestiques, qu'elle vide pour ses amis, non sans émulation. La collection de ces fiasques devient une richesse des caves les plus secrètes, une manière de meuble précieux laissé en héritage, avec son étiquette en parchemin accrochée autour du col. Je bus la dernière des fiasques dont avait hérité une gente dame d'un de ses ancêtres très amateur de tonnelets ; bien sûr, la bouteille avait au moins l'âge de sa détentrice, laquelle avait passé les quatre-vingts ans ; et pourtant, elle avait fermement conservé toute sa douceur. La douceur est, à mon avis, une mauvaise qualité, voire un véritable vice de nos vins ; et pourtant, j'aime l'aimable sérieux du Montepulciano, voire l'austérité du Chianti. Le comte Francesco Algarotti écrivit à S. E. le seigneur procurateur Zen, pour que l'on promût le commerce réciproque des vins vénitiens avec l'Orient. A cette proposition, on rétorque hâtivement qu'ils ne supportent pas de naviguer. En tout cas, je peux citer l'exemple contraire de deux tonnelets qui sont arrivés jusqu'à Péra et ont été bus avec beaucoup de satisfaction. Ce serait là une disgrâce bien particulière de nos vins, quand la navigation est à l'accoutumée propice aux autres, et les fortifie et les ennoblit. Si l'on boit le Carmignano et l'Artemino à Saint-Pétersbourg, pourquoi ne pourrait-on boire notre Grassaro ou Dalla Gatta (comme on l'appelle ici) à Constantinople ? Le tempérament de nos vins n'est pas très différent de celui des vins grecs. Je me rappelle avoir donné à boire, à Bologne, du vin des vendanges de cette villa d'Angarano où j'écris, à treize personnes qui toutes l'estimèrent d'outremer. La quatorzième, laquelle se vantait d'avoir la science du palais, après l'avoir goûté plusieurs fois à coups de lentes et graves gorgées, déclara qu'il ne savait dire s'il était de Samos, de Tenedo ou de Chypre, mais que c'était sans controverse un vin grec. Alors, j'estimai qu'il était temps de dénouer le vrai, et affirmai qu'il s'agissait d'un vin fait sur mes terres [27].

Hier, comme aujourd'hui, il se trouvait toujours quelqu'un pour s'ériger en infaillible *connaisseur**. Hier, comme aujourd'hui, l'exportation et le ralliement des marchés lointains étaient des problèmes d'actualité. A la fin du règne de Cromwell, le puritain abhorré, le grand-duc de Toscane eut l'opportunité d'ouvrir un nouveau marché à ses vins dans l'Angleterre de Charles II. Aussitôt, le comte Magalotti, éminent spécialiste des choses d'Anglia, rédigea ponctuellement pour son seigneur une série de *Réflexions sur la navigation de nos vins pour l'Angleterre*. Des fiasques et des tonneaux de cette Toscane

---

27. G. Roberti, *Lettera al Consigliere Gian-Lodovico Bianconi intorno alle sue opere sopra Celso*, in *Scelta di lettere erudite*, *op. cit.*, pp. 164-166.

« maîtresse en l'art de fabriquer des bons vins[28] », dont la variété et la richesse des vignobles passaient par ses tavernes, ses auberges, ses estaminets populaires :

> Apporte-moi ici, Menghino, un tonnelet
> De Faraone et un autre de Lamporecchio,
> Et apporte aussi un puits de Cassero
> Car il est, par Dieu, de l'un et l'autre jumeau ;
> Délaisse le Chianti, qui me serre le gosier,
> Mais apporte un grand seau de Palaia,
> Et que Nice ait toujours à portée de main
> Une grande fiasque de Groppoli et de Vinacciano.
>
> O quelle belle chose ! mais je veux une gorgée
> De Rochebrune, et une autre d'Acciaio,
> Si tu en as en cave : va, cours-y vite ;
> Hôte courtois[29]...

Malgré toutes les nouveautés exotiques d'Orient et du Nouveau Monde, les fruits traditionnels tenaient encore la vedette, même sur les tables les plus opulentes et raffinées. On assistait au triomphe de la poire, le « seul fruit qui assure une plus longue décoration sur un *dessert* et apaise le plus notre goût, notre vue et notre odorat, grâce à ses différentes espèces ou variétés[30] ». La poire, douce flamme des

---

28. *Ibid.*, p. 164.
29. Niccolò Carteromaco [Forteguerri], *Ricciardetto*, Lucques, 1766, t. II, p. 383 (chant XXX, 82-83).
30. F. Leonardi, *Apicio moderno, op. cit.*, t. I, p. 249.

tables, illuminait de ses chaudes tonalités juteuses les compositions picturales de genre, les natures mortes, les toiles des « peintres des fleurs », les panoplies horticoles, les paniers débordants de Bartolomeo Bimbi et des « peintres des fruits ». Durant des siècles, la poire fut le bijou éclatant des buffets. A l'orée du XIXe siècle, à l'époque de Filippo Re, le poirier comptait encore « plus de variétés que n'importe quel arbre[31] », et les poires étaient « infiniment plus nombreuses et recherchées » que n'importe quel fruit. Gemme de Pomone, « cet arbre est toute l'année utile à l'agriculteur en satisfaisant au goût universel avec des poires soit douces soit âpres, soit l'un et l'autre réunis, soit cuites soit crues, de toutes les manières elles sont également bonnes[32] ». Négligée aujourd'hui par l'hédonisme des nouveaux Italiens au profit de fruits plus coûteux et moins méditatifs, ce petit écrin de voluptés humides et placides semble avoir pris irrémédiablement le chemin du déclin.

Même s'il est difficile de croire (tant le chiffre

---

31. Filippo Re, *Nuovi elementi di agricoltura*, Milan, G. Silvestri, 1815, vol. III, p. 176. Pour la poire dans l'économie alimentaire de la Renaissance, voir Costanzo Felici, *Dell'insalata e piante che in qualunque modo vengono per cibo dell'homo [De la salade et des plantes qui d'une quelconque façon peuvent être nourriture de l'homme]*, lettre-traité écrite à Ulysse Aldrovandi en 1568 et publiée aujourd'hui pour la première fois par G. Arbizzoni, Urbino, Quattro Venti, 1986. Cf. en particulier les pages 91-93.
32. Vincenzo Tanara, *L'economia del cittadino in villa [L'économie du citadin à la campagne]*, Venise, G. B. Tramontin, 1687, p. 344.

paraît énorme) que les « jardiniers français ayant écrit sur la fin du XVIIe siècle mentionnent plus de sept cents sortes de poires bonnes à manger[33] », dans le *Jardinier français* de René Dahavron (Dahuron), surintendant aux vergers du duc de Brunswick, et plus encore dans l'ajout rédigé par monseigneur de la Quintinyé, surintendant général des jardins de Sa Majesté Très Chrétienne, traduit en italien et publié par Giacomo Albrizzi à Venise en 1704, les variétés évoquées sont « seulement » au nombre de soixante-douze[34]. Les vergers du prince Giuseppe del Bosco à Misilmeri en Sicile en comptaient, d'après l'estimation de Cupani confirmée par le témoignage de Nicosia, soixante-dix-huit. Une bagatelle, comparée à la corne d'abondance pomologique toscane, entre les XVIIe et XVIIIe siècles, que décrit Pietro Antonio Micheli dans la *Liste de tous les fruits, qui jour après jour pendant toute l'année sont proposés sur la table du Sérénissime Grand-Duc de Toscane*[35] : on en recensait deux cent trente sortes, toutes énumérées et nommées avec exactitude. La Toscane des Médicis battait largement la France du Roi Soleil, ainsi que

---

33. F. Leonardi, *Apicio moderno, op. cit.*, t. I, p. 244.
34. René Dehavron, *Nouveau traité de la taille des arbres fruitiers*, Paris, C. de Sercy, 1696. Le texte italien est une traduction intitulée : *Il giardiniero francese, ovvero trattato del tagliare gl'alberi da frutta con la maniera di ben allevarli, trasportato dal francese di Monsù René Dahavron giardiniere del Serenissimo Duca di Branswich*.
35. Cf *Agrumi, frutta e uve nella Firenze di Bartolomeo Bimbi pittore medico*, collectif, Florence, Conseil National des Recherches, 1982, pp. 104-122. Enquête dirigée par E. Baldini et F. Scaramuzzzi.

se plaisait à le souligner Iacopo Niccolò Guiducci dans une lettre adressée à Côme III : « J'estime que, en ce qui concerne les poires, les fruits de Votre Altesse Royale sont sans comparaison aucune, aussi bien par la quantité des espèces les meilleures, que par leur qualité[36]. » Notre cuisinier cosmopolite mentait donc, en toute bonne foi, ébloui sans doute par la splendeur du météore napoléonien. Et puis, en tant que cuisinier, il pouvait parfaitement ignorer les détails de la vérité pomologique.

Si l'on délaisse la célèbre « fonderie médicéenne » — où, grâce à l'« union de la chimie et de la botanique », on distillait de « nouvelles odeurs » en se livrant à une « course admirable afin d'extraire de nouvelles substances balsamiques, médicales et aromatiques », perpétuellement en quête de la « perfection la plus sublime de l'odorat[37] » —, pour s'intéresser aux expériences agronomiques des derniers Médicis, on assiste à la naissance et à la découverte, en Italie comme en Europe (mais surtout en Hollande), d'un riche panorama de « nouvelles fleurs, et germes et greffes et herbages[38] ».

---

36. *Ibid.*, p. 115.
37. S. Bettinelli, *Risorgimento d'Italia negli studi, nelle arti e nei costumi dopo il Mille* (1755) *[Le Risorgimento d'Italie dans les études, les arts et les coutumes après l'expédition des Mille]*, in *Opere edite e inedite in prosa ed in versi dell' abate S. B.*, *op. cit.*, t. X, p. 264.
38. *Ibid.*

Ainsi, aujourd'hui encore, nous voyons que les Hollandais ont fondé une branche du commerce de l'art de Flora en créant par centaines de très belles fleurs inconnues ; les Français affirment qu'en cent cinquante ans, ils leur en ont acheté beaucoup, et que les herbages et les légumes, plus riches, plus colorés, non moins beaux que les plantes, ont atteint chez eux une telle perfection que, au lieu de la seule espèce de chicorée et des deux pauvres espèces de laitues que l'on connaissait alors, on compte aujourd'hui plus de cinquante de l'une et de l'autre espèce, toutes excellentes et chères au goût.

Il en va de même pour les pêches, les abricots et les poires, car chacun sait comment, abandonnés à eux-mêmes, les fruits deviennent sauvages, et combien ils se renouvellent et s'ennoblissent de mille nouvelles beautés et saveurs lorsqu'on tente de les greffer plus artificiellement et de les cultiver. Et pareillement, grâce à des croisements inédits, on perfectionne les animaux en combinant les races, ainsi que nous le voyons continuellement avec les chevaux, et parfois avec d'autres espèces. Je vis en effet, mais uniquement chez des particuliers agissant pour leur plaisir, de nouvelles colombes et de nouveaux poulets à la fois très beaux et très utiles, qui se multipliaient en grand nombre, et il serait aisé à tout un chacun d'en posséder communément, en se procurant de la même façon des beaux coqs, des belles poules de la région de Padoue et des beaux pigeons d'autres climats, et en les mélangeant adroitement aux nôtres[39].

---

39. *Ibid.*, pp. 264-266.

La « renaissance » de l'Italie, après que le Pays eut été entraîné dans la décadence universelle de l'« Europe barbare et inculte », reprenait son cours renouvelé en « rendant la nature féconde pour nos besoins ».

> Elle n'attend rien d'autre que notre application à en tirer les inépuisables richesses en cultivant ses mille secrets gisements en tous genres d'animaux et de végétaux, puisque, en peu de temps, nous avons obtenu de grands avantages ignorés de nos pères ainsi que des Anciens[40].

De nouveaux petits pois, de nouveaux choux, de nouveaux légumes, de nouvelles colombes et de nouveaux poulets « à la fois très beaux et très utiles » enrichissent, en la diversifiant, la table du XVIIIe siècle.

A la seconde moitié du XVIIIe — le « siècle de fer » étant révolu —, les « commodités » et le « vrai bonheur[41] » semblaient faire revivre le « siècle d'or[42] », bien que, aux anciennes maladies, se fussent ajoutés de nouveaux maux, de « nouvelles fluxions ou rhumatismes », de « nouveaux scorbuts », de « nouvelles coliques » et surtout les « nouveaux maux convulsifs des nerfs, d'hypocondries, de vapeurs, qui n'avaient point de noms[43] ». Le renouvellement de la vie et de la

---

40. *Ibid.*, p. 261.
41. *Ibid.*
42. *Ibid.*, p. 258.
43. *Ibid.*, p. 259.

société, les découvertes et les inventions inédites de la technique et du travail, guidés par la capacité retrouvée d'intervenir scientifiquement sur une nature sortie désormais de l'atmosphère magique et cabalistique de la culture prégaliléenne, avaient remodelé le paysage ainsi que les coutumes, mais aussi accru le bien-être et la qualité du « bonheur public ». Maintes régions d'Italie offraient une image différente, un aspect refleuri, revigorées qu'elles étaient par un courant de renouveau laborieux et fébrile présent à tous les niveaux de la vie civile.

> Les campagnes toutes cultivées, les fleuves au creux de leurs lits, les forêts taillées, les châteaux forts abattus, les demeures plus confortables et vastes, comme les routes, la table garnie d'assaisonnements, de nourritures savoureuses et de vins abondants et choisis ; la netteté des corps et de la peau, favorisée par du linge plus varié et des vêtements plus opportuns ; outre des bains plus fréquentés, la paix, la concorde et le bon goût régnant partout, les nouvelles lumières qui ont touché les arts, les sciences, même les manufactures, et surtout les devoirs de société et de religion, semblent avoir amené le véritable bonheur avec la santé du corps et les vertus de l'esprit humain[44].

A partir du XVIe, « siècle d'or[45] », « l'épaisse et profonde nuit / commence à se dissiper[46] » et

---

44. *Ibid.*, p. 258.
45. Giuseppe Colpani, *Il gusto*, in *Poemetti italiani*, Turin, Società Letteraria di Torino, Michel Angelo Morano éd., 1797, vol. II, p. 104.
46. *Ibid.*, p. 104.

> Avec les beaux travaux de l'ingénieuse mode,
> Animatrice du commerce européen,
> Avec les marbres sculptés et les toiles vibrantes
> Rivalisent les œuvres des heureux esprits,
> Les sages hardis pénétrant les sombres
> Labyrinthes physiques[47]...

Le « goût », la « grâce » et la redécouverte de la « vraie beauté naturelle[48] », du « sentiment délicat et vif », de l'« harmonie » avaient fait échec au « préjugé » et à l'« indocile ignorance[49] ». La vue avait retrouvé la symétrie harmonieuse et la grâce réfléchie de la « belle forme » qui « allèche l'œil et emplit l'âme[50] ». Particulièrement

> Quand, pour jouir du paisible air d'été
> En tes jardins cultivés et odorants,
> O belle Euphrosine, tu descends
> Et lentement avances sur ces sentiers riants,
> Quand ton œil flatteur se pose
> Sur les parterres anglais, bavarois, ou français,
> Ne sens-tu pas la loi sûre et régulière
> Pénétrer tes sens, et la mesure
> Qui sépare, divise et tout ordonne,
> D'un occulte plaisir l'âme t'emplir[51] ?

---

47. *Ibid.*, p. 116.
48. *Ibid.*, p. 104.
49. *Ibid.*, p. 106.
50. *Ibid.*, p. 104.
51. *Ibid.*, pp. 104-105.

C'était une volupté tout intellectuelle que la
« mesure » et les espaces mathématisés inspiraient
aux sens en emplissant d'un « occulte plaisir » l'âme
enivrée par la sublime géométrie de l'espace du jardin. Cette extrême stylisation néo-classique avait
embaumé, sous des formes qu'une « grâce » exténuée avait rendues marmoréennes et immobiles, le
« gracieux désordre[52] » du jardin des années 1770,
inspiré par l'art du « voluptueux jardinier d'Aristippe[53] », au chemin varié, aux perspectives changeantes, aux scènes imprévisibles, où la récréation de
l'esprit naissait de la surprenante diversité du paysage : « D'abord, te récréent les très suaves odeurs
des fleurs et des plantes les plus rares ; ensuite, la
perspective inattendue d'une antique architecture
abattue par le temps ; ici, un petit temple, là un parc
de bêtes sauvages, puis un petit canal navigable[54]... »

---

52. P. Verri, *Discorso sull'indole del piacere e del dolore [Discours sur la nature du plaisir et de la douleur]*, in *Del piacere e del dolore ed altri scritti*, *op. cit.*, p. 44.
53. *Ibid.*
54. *Ibid.*, p. 45.

L'art perfide

L'œil subtil de l'abbé jésuite Saverio Bettinelli ne s'y trompait pas : le refleurissement, voire la « renaissance », était véritable et tangible. Toutes les classes, y compris les groupes sociaux les plus marginaux, mendiants ou forçats, vivaient dans des conditions plus humaines. On changeait plus souvent de « petit linge » (ainsi que le faisait remarquer l'auteur des *Lettres à Lesbia Cidonia*), les bains étaient plus fréquents, les tables plus abondantes. Tous étaient mieux lotis. Tous, sauf les travailleurs des champs. Les « paysans — observait G. B. Roberti, beaucoup plus sensible aux aspects humanitaires que son confrère Bettinelli — sont peut-être les seuls, sains ou malades, qui me paraissent délaissés, et pourtant ils sont légion[1] ». En arpentant les campages bolonaises, le comte-abbé s'apercevait que les paysans « sont généralement miséreux et qu'ils mériteraient

---

1. Giovambatista Roberti, *Annotazioni sopra la Umanità del secolo decimottavo [Notes sur l'Humanité du XVIIIe siècle]*, in *Raccolta di varie operette dell'Abate Conte G. R.*, op. cit., t. V, p. LIII.

d'être regardés avec des yeux plus amènes par le siècle humain ».

A moins d'une lieue d'ici [de Bologne], dans une plaine immense de grasses glèbes, on voit les visages hâves et décharnés des paysans, qui habitent des taudis de paille enduits de boue, de toutes parts lézardés et croulants ; des paysans qui cachent tant bien que mal leur nudité d'une blouse sale taillée dans un méchant tissu ; qui mordent du pain noir, quand ils moissonnent le blanc froment ; et qui boivent de l'eau, quand ils mettent en tonneaux le gros vin de leur maître. Il y a quelques années, un Souverain Pontife dut, et comme Pape et comme Souverain, s'opposer par deux décrets successifs à l'avidité des inexorables métayers orgueilleux et menaçants, lesquels chassaient des champs libérés de leurs fertiles récoltes les essaims faméliques des pauvres vilains errant de par les campagnes, les yeux brûlants de désir et les bras incurvés en quête de quelque épi oublié ou négligé par la faux lasse et satisfaite. Pénétré des soucis de la république chrétienne, le Pape Benoît XIV s'en allait, selon la coutume, loin du bruit et de la fumée de la grande Rome, prendre au cœur d'une villa entourée de verdure quelque réconfort aux affaires publiques ; en chemin, des bandes décharnées de vieillards épuisés, d'enfants imbelliqueux, de femmes plaintives s'attroupèrent autour de lui, et à genoux, les mains levées, ils empêchèrent la marche des soldats de la garde ; et de leurs voix suppliantes, ils vainquirent le vacarme des coches hâtifs, tant était la somme des plaintes et des pleurs de ces malheureux affamés ; et tandis que les chariots regagnant les hangars des riches possédants grinçaient d'un bruit strident sous le poids des gerbes amassées, on interdisait à ces pauvres hères, à coups de pied et sous les injures, le seul passage sur ces plaines déjà rases, à la recherche du moindre humble épi que recèlerait ce rude chaume pour l'embrasser en son sein, et en composer une mince javelle, soulagement de la faim présente et future. La douleur et les gémissements de ces paysans désolés contaminaient la suavité de cet air et, dirais-je, l'aménité de ce sol [2].

Le noble de Bassano, à la différence de Bettinelli, jésuite cosmopolite qui se trouvait à son aise dans tous les salons, était beaucoup plus sceptique que lui sur la « culture extérieure », et sur l'« humanité » de l'éblouissant « progrès ».

Nous habitons bien, nous nous habillons bien, nous mangeons bien... mais je ne sais si nous avons raison pour autant de nous célébrer comme humains, parce que nous enduisons nos cheveux d'un onguent ; parce que nous les saupoudrons de farine blanche ; parce que nous nous faisons couper aux ciseaux des tissus convenant à nos épaules ; parce que nous mettons sur table des grands plats et des petits plats en telle guise que les petits cèdent la plus noble place à la dignité des grands. Il faudrait débattre un peu quant à savoir si une telle humanité qui se vêt à la mode d'outre-monts, mange à la mode d'outre-monts, habite à la mode d'outre-monts, se peigne à la mode d'outre-monts, est vraiment à appeler humanité ou plus justement servitude [3].

---

2. *Ibid.*, pp. XLIV-XLVI.
3. *Ibid.*, pp. XV-XVI.

Fidèle à la tradition et au mode de vie italiens, l'abbé Roberti ne parvenait pas à apprécier sereinement « les commodités et les splendeurs » de la *civilisation** française importées par la vieille Italie. « Aujourd'hui, on exalte l'ingéniosité de la cuisine et la pompe de la table. On dit que seuls les Français savent manger ; et pourtant Monsieur Mercier a écrit récemment que le peuple de Paris est le plus mal nourri de tous les autres peuples européens[4]. »

Le père Roberti n'était certes pas un ascète : il aimait les jambons, les saucissons, les mortadelles, il adorait le café et le chocolat, les bons vins et les fraises, les desserts doux et parfumés, les crèmes vanillées. Mais il ne pouvait souffrir ni l'arrogance française, ni les modes capricieuses et frivoles qui, venues tout droit d'outre-monts, avaient été aussitôt adoptées par nombre d'aristocrates comme les nouveaux évangiles. Par ailleurs, il était loin d'approuver ce que le comte Joseph de Maistre tiendrait, quelques décennies plus tard, à l'époque sévère et sombre de la Restauration, pour quelque chose de nocif, voire de pervers : l'association criminelle de l'expérimentation culinaire aux libertés de la mauvaise littérature.

> De l'excès sur la quantité — *faisait-il observer à l'interlocuteur d'un de ses « entretiens* »* en passant de l'éloge du jeûne chrétien à l'exaltation de l'abs-

---

4. G. Roberti, *Lettera ad un vecchio e ricco Signore feudatario*, in *Scelta di lettere erudite del padre G. R.*, op. cit., pp. 123-124.

tinence généralisée —, passez aux abus sur la qualité : examinez dans tous ses détails cet art perfide d'exciter un appétit menteur qui nous tue ; songez aux innombrables caprices de l'intempérance, à ces *compositions* séductrices qui sont précisément pour notre corps ce que les mauvais livres sont pour notre esprit, qui en est tout à la fois surchargé et corrompu*[5]...

Jamais l'abbé Roberti n'eût pu penser que la gastronomie était un art perfide, jamais il n'eût lancé l'anathème sur les « compositions séductrices » des cuisiniers de qualité. Simplement, il détestait la déshumanisation qui affligeait le siècle et une certaine culture brillante dite des Lumières ; l'indifférence et la fermeture envers les classes inférieures, l'émoussement de l'esprit de solidarité et de charité chrétienne surtout chez les riches et les intellectuels bien nés et bien repus, le cynisme et l'insensibilité de quelques *maîtres à penser** célèbres, véritables monstres d'égoïsme aveugle et scélérat. L'incroyable anecdote rapportée par Roberti sur l'inhumanité d'une des idoles intellectuelles les plus encensées de tout le siècle, Bernard Le Bovier de Fontenelle, si elle est vraie (la source semble être les *Annales politiques* de Linguet), marquerait l'extrême seuil de l'indifférence morale induite par les plaisirs de la

---

5. Joseph de Maistre, *Les soirées de Saint-Pétersbourg ou Entretiens sur le gouvernement temporel de la Providence*, Bruxelles, Meline, Cans et Cie, 1837, p. 62.

table, variante perverse d'une culture ne se complaisant que dans sa propre intelligence étincelante.

> L'abbé Dubos, chanoine de Beauvais, vécut familièrement avec Fontenelle, et ils se disaient amis. Un jour, le chanoine déjeunait en tête à tête avec l'auteur des mondes, et on leur présenta une botte d'asperges. L'un les voulait assaisonnées d'huile, l'autre d'une vinaigrette. Les deux Socrate (car la sagesse n'exclut point la gourmandise) convinrent de les partager par moitié au goût de chacun. Avant que les deux plats ne fussent préparés, l'abbé Dubos fut frappé d'apoplexie. La domesticité fut en profond émoi. Fontenelle, le créateur des idées fines, fit grande preuve de zèle et courut en haut de l'escalier pour crier, afin que le cuisinier l'entendît : « Toutes les asperges à la vinaigrette, toutes les asperges à la vinaigrette ! » Quand le cadavre eut disparu, Fontenelle se mit à table et mangea toutes les asperges, prouvant par les faits que même l'apoplexie était bonne à quelque chose[6].

En ce qui concerne la gastronomie, la véritable révolution ne fut pas celle, immortelle, de 1789. Au contraire. En décapitant le sommet de la pyramide culinaire — le roi —, celle-ci posa les prémisses de la naissance et de l'envol de la cuisine démocratique et représentative, et tint sur les fonts baptismaux le cuisinier bourgeois, le cuisinier des familles et les cuisinières domestiques. Elle marqua en outre le pas-

---

6. G. Roberti, *Annotazioni sopra la Umanità del secolo decimottavo*, *op. cit.*, pp. CXVII-CXVIII.

sage à la restauration vénale, commerciale, de masse, en divulguant et vulgarisant, contre paiement, les secrets des grandes cuisines aristocratiques. La véritable révolution est celle de la réforme, celle de Condillac, sensualiste, née à l'ombre du *style rocaille**, celle dont les théoriciens étaient les réformateurs éclairés qui, à côté des clercs du vieux langage gothico-scolastico-baroque, enfermaient idéalement dans le « temple de l'ignorance » le vieux langage culinaire, la grammaire fastueuse et indigeste de la cuisine baroque, dilatée et tarabiscotée. L'agilité et la légèreté intellectuelles des nouvelles générations exigeaient une parallèle sveltesse et légèreté des procédures culinaires. Manger trop abondamment, fastueusement, somptueusement, assis sur les énormes sièges du passé et non point sur les chaises Louis XV, exiguës et inconfortables, n'est plus chose de *bon ton**. La société galante fronce le nez devant l'accumulation des plats, se nourrit avec une inappétence étudiée et une intolérance mal déguisée envers la cuisine de type féodal et patriarcal. Le même changement se produit pour la nouvelle mode, dans la garde-robe des dames portant aux salons les « andriennes* » peintes de « frivoles inepties d'animalcules et d'herbettes » ; le nouveau style raffole du « dessin frivole », adore les « mélanges chinois », les « bagatelles élégantes et fragiles », les « curieuses galanteries », la « frivole fragilité », les « frivoles caprices » et l'omniprésente variété. Et en cuisine, on prépare d'élégantes bagatelles destinées aux « élégants papillons [7] ». Pour une société dyspepsique et nocturne, pour la dame au réveil tardif (« au lit à midi, elle attendait son chocolat / assise en jolie posture [8] ») trônant au centre de la communication sociale, pour un beau monde vivant « en conversations et en une ronde perpétuelle de visites et de bavardages », pour une « caste noble » « s'efforçant de passer ses si longues vingt-quatre heures », la table devient un lieu de discours, un autre moment de conversations prolongées. Plus que mangée, la nourriture est parlée, prise avec détachement, tandis que les nouvelles boissons chaudes (café, thé, chocolat) scandent les temps d'un cérémonial et d'une étiquette obligatoires. « Certaines boissons — observait le comte Roberti — sont un accueil, qui, selon le cérémonial ordinaire, ne sont pas appréciées si on les offre, et peuvent offenser si on les oublie [9]. »

La nuit se substitue au jour.

> Les veilles abondantes sont le propre des seigneurs... La lumière du soleil est ignoble... on raconte, on joue et l'on dîne à la lueur de chandelles de cire, tandis que l'on vit en prison sous les cristaux

---

7. G. Roberti, *Lettere a un vecchio e ricco Signore feudatario...*, op. cit., p. 136 et *passim*.
8. Francesco Algarotti, *Epistole in versi*, « A Lesbia », in *Opere*, op. cit., t. I, p. 50.
9. G. Roberti, *Lettera a un vecchio e ricco Signore feudatario...*, op. cit., p. 142.

exactement taillés, dans un air respiré et pourtant difficilement respirable. O depuis combien de temps beaucoup n'ont-ils pas vu l'aurore ! Ou s'ils la voient, c'est en revenant du théâtre, ensommeillés et renfermés, et ils ne l'ont certes pas désirée. Certaines dames ne dorment jamais la nuit... c'est pourquoi à Paris ces dames sont joliment appelées des *lampes*[10].

Pour ces dames et leurs accompagnateurs, manger avec appétit devient de plus en plus difficile.

Nos dames délicates, chancelantes de nausées, promènent un œil désabusé sur les mets et consentent, lorsqu'on les en prie, à en savourer quelques-uns. Après avoir paressé tout le jour au lit, après l'interminable paresse de la préparation, les muscles s'affaiblissent, les humeurs ne se filtrent pas et la digestion ne travaille pas entièrement, c'est pourquoi l'appétit, lequel est le meilleur assaisonnement des aliments, n'étant plus aiguisé, languit[11].

Et à la vérité, il devait être de plus en plus ardu d'éveiller leur désir par des « aliments pruriginaux », de secouer de la torpeur leurs « sucs oisifs » avec des propositions alléchantes. Pour des créatures si sensibles, toutes vouées au culte de la déesse Paresse, seuls convenaient des régimes légers, caressants, des plats veloutés et glissant bien, doucement suaves, dressés avec une grâce capricieuse sur des

---

10. *Ibid.*, pp. 142-143.
11. *Ibid.*, pp. 127-128.

petites tables élégantes, aux pieds fins et tournés.
Dans certaines maisons, les tables étaient devenues
terriblement vides :

> Plusieurs tables à la mode sont très limitées —
> observait G. B. Roberti, quelque peu préoccupé — ; et
> il m'est arrivé de dîner avec des couverts d'or quand il
> n'y avait rien à manger... ; qui vit la vie inerte et
> déréglée du grand monde mange d'ordinaire très peu ;
> et plus d'un, à cause du désordre de sa santé, est
> obligé de se contenter au déjeuner d'un poulet bouilli
> et d'une soupe d'herbes contre le scorbut [12].

Ces dames du monde, salonnières, languides, dyspepsiques, inappétentes, conversant frigidement jusqu'à la pâmoison — à la différence des femmes du siècle précédent qui aimaient à engloutir avec une mordante avidité des mets puissamment aromatisés —, redoutaient la saveur chaude, animale, de la luxure instinctive et de la chair. L'amour lui aussi, à l'instar de la nourriture, était davantage parlé et regardé que goûté. Cohérent avec les procédures sociales, le libertinage, amplement pratiqué, est le signe d'une intellectualisation des jeux érotiques, d'une jouissance oisive et désabusée du corps.

La chaude féminité baroque affichait des emblèmes féminins d'une tout autre trempe. Catherine de Bragance, épouse de Charles II d'Angleterre, trônait

---

12. *Ibid.*, p. 127.

dans la galerie des femmes ardentes du XVII° siècle. Lorenzo Magalotti, le très fin « espion florentin* » qui en référait à son seigneur, le très bigot Côme III, s'infiltrait avec un œil et un nez indiscrets jusque dans sa plus secrète intimité, ses comportements physiologiques les plus intimes et ses aptitudes sexuelles. La noble Portugaise de « tempérament extraordinairement chaud et enflammé... avec une grande effervescence du sang », « soumise très souvent à des purges extraordinaires... est par nature démesurément sensible aux plaisirs ». Et même, la « douceur est si extrême en elle que, après l'ordinaire épanchement de ces humeurs que la violence du goût arrache aussi aux femmes, il s'écoule de ses parties génitales une très grande quantité de sang qui parfois ne cesse pas durant plusieurs jours [13] ».

Cet excès de liquides chauds, de visqueuses humeurs, d'éreintantes douceurs était favorisé — selon Magalotti — par l'« usage immodéré des épices saupoudrées sur les mets, par l'ambre et le musc dans les confiseries ». De telles intempérances tendent à se raréfier au XVIII° siècle, qui dans les odeurs, les saveurs et les parfums s'éloignait vertigineusement de son récent passé.

---

13. L. Magalotti, *Relazione d'Inghilterra dell'anno 1668 [Récit d'Angleterre de l'année 1668]*, in *Relazioni di viaggio in Inghilterra Francia e Svezia [Récits de voyage en Angleterre, France et Suède]*, W. Moretti éd., Bari, Laterza, 1968, pp. 56-57.

> Les dames délicieuses des XVᵉ et XVIᵉ siècles, et même du siècle passé, en particulier les Espagnoles... étaient toujours odorantes. Le musc, l'ambre, l'encens ne les offensaient pas ; aujourd'hui, elles tombent évanouies et sont agitées de convulsions à l'insulte du seul esprit de mélisse. Faites-vous donner par ces doctes physiciens la raison, que j'ignore, d'une si étrange diversité d'affections ; d'aucuns suggéreraient que leurs tempéraments ont été tissés en une guise différente de celle du passé. Parfois, le soupçon m'effleure qu'en de tels dédains contre les odeurs interviennent quelques parts de minauderie et d'affectation maniérée [14].

Si l'horreur de l'ambre, l'aversion pour le musc dans les confiseries et le dégoût des plats fortement épicés et aromatisés qu'éprouvaient les intellectuelles du XVIIIᵉ nous permettent de tracer un portrait plus minutieusement détaillé de la dame galante encline aux conversations exténuantes, aux jeux de société nocturnes, mais aussi à un éros sophistiqué et délicat balançant au-dessus d'un réseau ténu de cérémonials d'éloignement plutôt que d'abandon sensuel, on peut supposer qu'une telle diète, éclairée par la raison et délivrée des sens inférieurs les plus lourds, n'était pas particulièrement apte à stimuler des fureurs charnelles d'une intensité aussi extraordinaire que celles qui coulaient dans le sang des Bragance. Les dames du XVIIIᵉ qui, selon l'abbé Galiani, aimaient davantage avec leur

---

14. G. Roberti, *Lettera sopra i fiori [Lettre sur les fleurs]*, in *Raccolta di varie operette dell'abate conte G. R.*, op. cit., t. IV, pp. VI-VII.

tête qu'avec leur cœur, étaient des femmes « pour qui — d'après le prêtre-romancier de Brescia, Pietro Chiari — même les roses puent [15] ». La table devait se présenter *en domino*, voilée par un jeu d'apparences et de trompe-l'œil, et les plats déguisés comme dans une interminable comédie de dupes.

Le grand mal de cette époque — faisait remarquer l'abbé Chiari dans une lettre écrite en 1749 à une « dame de qualité » — est que la nature elle-même, en matière d'herbes, de fruits, de poissons, d'animaux et de volatiles, ne sait plus quoi produire qui soit de notre goût et à notre gré. Les aliments utilisés jusqu'à présent ne sont plus dignes de nous si, dans nos cuisines, ils ne perdent leur forme et leur nom. On met en œuvre, pour les altérer, toutes les écorces d'arbres et toutes les drogues que nous a transmises l'Amérique après sa découverte. Il faut mille ingrédients pour chaque plat, qui n'a le goût d'aucun d'eux; et ceux-là mêmes qui s'en pourlèchent les babines ne sauraient dire ce que c'est. Sans savoir ce qu'elle fait, la gourmandise humaine cherche à tirer des fruits, des racines et des herbes toujours de nouveaux condiments pour les antiques mets; et à telle fin, sur le feu des heures durant, on laisse s'amenuiser leur suc le plus nourricier et leur vigueur la plus substantielle. Les cuisiniers sont aujourd'hui plus prisés que ne l'étaient les sculp-

---

15. Pietro Chiari, *De' cibi appruovati, e disappruovati dall'uso [Des nourritures approuvées et désapprouvées par l'usage]*, in *Lettere scelte di varie materie piacevoli, critiche, ed erudite scritte ad una dama di qualità [Lettres choisies sur diverses matières agréables, critiques et érudites, écrites à une dame de qualité]*, Venise, Angelo Pasinelli, 1751, t. II, p. 209.

teurs à Athènes ; et pourtant, tout bien pesé, ils devraient être considérés au même titre que les potiers les plus grossiers. Ceux-ci, grâce au tour et au feu, font prendre à la glaise, qui reste de la glaise, soit la forme d'un broc, soit la forme d'une fiasque ; et ceux-là déguisent de mille manières différentes la viande, qui reste de la viande. Pauvres gens ! Ils sont excusables à maints égards, car s'ils n'agissaient pas ainsi, ils ne trouveraient point de maîtres et mourraient de faim. A une table qui ne soit en rien solennelle, il faut au moins cent plats d'apparence et de goût non seulement très différents mais contraires entre eux, et jamais expérimentés et extravagants à l'excès. On écarte aussitôt les aliments en usage chez le vulgaire, les fruits et les herbes de saison et les poissons de médiocre grandeur ; toutes ces choses ne peuvent paraître sur cette table si elles ne sont déguisées *en domino*, que le diable même ne saurait reconnaître pour ce qu'elles sont... Maintenant, il faut de l'étrange et du rarissime, priser les fraises en janvier, le raisin en avril et les artichauts en septembre.

Au moins, Madame, si ces choix, ces altérations et ces précautions assouvissaient la gourmandise humaine ; si la délicatesse des palais modernes ne nous levait le cœur le jour durant. A la moindre odeur d'oignon ou d'ail, plus d'une tourne de l'œil et tombe en pâmoison ; et tous les baumes et les quintessences qu'utilisaient deux funérailles d'Egypte ne suffisent à leur faire reprendre leurs esprits. A la comtesse X., les cailles alourdissent l'estomac ; les pâtisseries épaississent le sang ; le lait exalte la bile ; les laitues purgent le ventre ; les drogues enflamment la gorge ; les huîtres coupent l'appétit ; et deux seules petites gouttes de vin de chez nous lui font venir de grandes vapeurs à la tête. A votre très somptueuse table, j'ai maintes fois observé l'épouse de maître X., laquelle, affamée autant que la louve qui servit de nourrice à Romulus et Remus, ne trouve aucune pitance qui soit à son gré. Faisant une exacte anatomie de chaque mets qu'on lui présente dans son assiette, elle le tourne et le retourne avec sa fourchette, le soulève et le renverse, et l'examine par-dessus, par-dessous, sur les côtés, au-dedans et au-dehors, comme si elle ne savait par quel bout commencer à le manger. Elle fronce le nez, ferme à demi les yeux, tord la bouche quand elle le goûte ; et s'il est fade, il doit être trop salé ; si l'un est trop doux, l'autre est trop amer ; parfois il est chaud, parfois il est froid ; soit il est dur, soit il tombe en charpie ; elle ne voudrait ni gras, ni maigre ; ni citron, ni sucre ; ni huile, ni vinaigre ; ni pain ni galette ; ni eau, ni vin ; ni rôti, ni viande bouillie ; ni malaise, ni peste qui la dévore toute crue, elle, ses grimaces dévoreuses et ses grandeurs affamées [16].

L'anorexie minaudière et programmée des dames emperruquées du siècle des Lumières semble d'autant plus considérable si on la compare à la boulimie des dames aromatisées du XVIIe. Désenchantement, affectation, détachement languide de la nourriture, inappétence régulée, agaceries recherchées, désir ostentatoire de légèreté corporelle et de vivacité intellectuelle deviennent une mode si répandue qu'elle contamine tous les commensaux :

---

16. *Ibid.*, pp. 209-212.

> ... le baron X — observait l'abbé Chiari dans la lettre *Des nourritures approuvées, et désapprouvées par l'usage* — agit en toute chose avec cette même délicatesse qui caractérisait Narcisse... plus il change de plats, moins il mange... Amant de la singularité et de l'affectation en chacun de ses gestes, il mangera le pain avec sa fourchette et la tourte avec sa cuiller... Pour trouver la partie la plus délicate d'un poulet, il fera un cimetière d'os rongés ; et il tournera rageusement sa cuiller dans une marmite de sauce, pour y pêcher au fin fond un bolet. Si par hasard il est assis auprès d'une dame, à force de l'inciter à manger, il lui fait perdre l'appétit ; non content de lui couper sur son assiette des petites bouchées, il voudrait que ses doigts délicats lui servissent de fourchette et qu'elle se laissât gaver comme une oie [17].

Dans un tel monde, où le rêve de la légèreté devient un impératif social et un souci dominant, la « pluralité des amours » et l'inconstance sentimentale se dédoublent en une pluralité des plaisirs : parmi eux, le plaisir de la vue, la primauté de l'œil font passer au second plan l'appel des plaisirs forts de la table. Et si, à côté du *Temple du goût*, on ouvre le *Temple de l'infidélité* (« la trahison paraît vertu », chantait Carlo Innocenzo Frugoni), les nouvelles prêtresses de ces rites mondains semblent caresser des yeux, plutôt que les savourer du palais, les mets et les nourritures pourtant appétissantes et alléchantes.

Les plats doivent offrir un beau coup d'œil, un paysage délicat, varié, suave, doucement voluptueux

---

17. *Ibid.*, pp. 212-213.

comme une scène pastorale idyllique, une fête champêtre, un divertissement galant au jardin. Il devient nécessaire de « peindre et représenter les plats [18] », de proposer au regard « maintes sauces, maintes couleurs, maintes figures » et, parallèlement, maints noms « menteurs et étranges [19] ». Le repas se veut léger, entonné comme une chansonnette musicale ou caressant comme une ode anacréontique, gracieux comme une *petite poésie**, scintillant comme une pierre précieuse ou ciselé comme un camée. Les plaisirs de l'imagination sont préfigurés et prédégustés par les plaisirs raffinés de la table qui, plutôt que satisfaire et rassasier, doit suggérer en prédisposant à la *rêverie**, au voyage sentimental, à l'*embarquement pour Cythère**. Les *bigarrures de l'esprit** aiment à être délicatement évoquées par des pastels polychromes, des amuse-gueule panachés et bariolés, des bagatelles et des *petits riens** sucrés, d'élégants *bibelots** confits, tandis que des *chansonnettes** susurrées caressent les oreilles.

Le goût du siècle était davantage enclin à voir et à sentir qu'à savourer et à avaler. L'œil accentue la distance le séparant du goût pour se transformer en une de ses antennes prudente et avisée. On préférait regarder les fleurs qu'en humer les effluves : on embaumait les printemps en d'exquis jardins artificiels de porce-

---

18. G. Roberti, *Lettera ad un vecchio e ricco Signore feudatario...*, op. cit., p. 125.
19. *Ibid.*

laine, de soie, de toile, de cire, de papier, de plumes et, sur la table, de « sucre et de confiserie ».

Madame de Pompadour invita un jour d'hiver à sa célèbre villa de *Bellevue* Louis XV, dont elle aiguisait l'esprit et qu'elle divertissait de l'ennuyeuse monotonie de l'uniformité par la nouveauté des spectacles. Le Roi était installé dans une pièce excessivement décorée quand, par la magie d'occultes machines, la chambre mouvante tourna silencieusement et fut transportée au-dessus d'un jardin très délicat, exactement reproduit, peint de porcelaines qui le fleurissaient[20].

Le comte-abbé Roberti, écrivant à une « très élégante et très noble dame » qui lui avait envoyé en cadeau un jardin de chambre en soie et en toile, lui confiait :

> sans avoir à faire le voyage, et confortablement installé au creux de mon fauteuil, je contemple tout à mon aise en cet hiver 1784 un jardin dans mon bureau... Il est vrai que ces fleurs françaises étaient en porcelaine : mais cela signifie que leur vie avait quelques degrés supplémentaires d'incertitude, pouvant se briser plus facilement. Les fleurs de toile légère et de soie souple que vous, ô Dame si prodigue, m'avez envoyées en don gracieux, je les estime plus que les autres de toute autre manière[21].

---

20. G. Roberti, *Lettera sopra i fiori*, op. cit., t. IV, p. IV.
21. *Ibid.*

Dans la « délectation des odeurs », le XVIIIe siècle rompt avec la « grande métaphysique voluptueuse[22] » de l'âge baroque, inspirée de la « métaphysique espagnole » des « graisses et des poudres » qui, transposée en Italie, atteignit des raffinements vertigineux et de lascives extases chez les « gourmands mystiques », au point que les « Académiciens *Odoristi* de Toscane... dédaignaient toute fragrance qui ne fût étrangère, composite et exquise ; et s'ils humaient une simple rose, c'était pure mortification[23] ».

---

22. *Ibid.*, p. VIII.
23. G. Roberti, *Lettera di un bambino di sedici mesi colle annotazioni di un filosofo [Lettre d'un enfant de seize mois avec les annotations d'un philosophe]*, in *Raccolta di varie operette del padre G. R.*, *op. cit.*, t. II, p. LXXIII.

Le breuvage indien

Le progressif détachement du XVIIIe siècle de l'époque précédente est révélé, entre autres, par le passage de la saveur complexe, dense d'arômes forts du chocolat baroque à celle, plus élémentaire et linéaire, du chocolat des Lumières, préparé en mélangeant simplement sucre et cacao à une légère distillation de vanille et de cannelle.

A la seconde moitié du XVIIe, Francesco Redi observait :

> ... [son] usage en Europe est devenu très commun et particulièrement aux Cours des princes et chez les nobles, étant réputé pouvoir fortifier l'estomac et avoir mille autres vertus bénéfiques à la santé. La Cour d'Espagne fut la première en Europe à accueillir un tel usage. Au vrai, en Espagne, on manie le chocolat en toute perfection : mais à la perfection espagnole, notre époque et la cour de Toscane ont su ajouter un je ne sais quoi d'une plus exquise saveur, par la nouveauté des ingrédients européens, car l'on a trouvé la manière d'y introduire des écorces fraîches de cédrats et de citrons ; et l'odeur très suave du jasmin, mélangée à la cannelle, à la

vanille, à l'ambre et au musc, fait sentir merveilleux le chocolat à qui s'en délecte[1].

Tant d'« exquise saveur » était cependant destinée à rester ensevelie dans les palais médicéens. La formule constituait un secret d'État que Côme gardait jalousement, refusant qu'il ne tombe entre des mains étrangères (il avait agi de même pour le « jasmin du cœur »). L'ordre donné à son archiatre et surintendant aux épiceries était péremptoire : les procédures et doses de l'élaboration du chocolat au jasmin ne devaient en aucun cas sortir de la « fonderie » grand-ducale. Quand, en 1680, Diacinto Cestoni, naturaliste livournais, inlassable observateur des caméléons, en demanda la recette à Francesco Redi, celui-ci, d'habitude très gentil avec tous et particulièrement attaché à cet éminent spécialiste du microscope et fin apothicaire de son équipe, lui répondit par une lettre où transparaissait clairement son désappointement devant une requête si inopportune.

Je suis désolé que vous m'interrogiez sur une telle chose, que l'on m'a expressément ordonné de ne pas dévoiler. A savoir, comment on manipule le chocolat à l'arôme de jasmin. Ce que je peux vous dire, c'est que cela ne se fait pas avec l'eau de jasmin, car, lorsqu'on le travaille, le cacao ne se mélange pas à l'eau, et, bien que l'on puisse y mettre quelques

---

1. Francesco Redi, *Annotazioni di F. R. al Ditirambo*, in *Opere di F. R.*, *op. cit.*, vol. I, p. 74.

gouttes d'eau de cet arôme, cela ne suffit pas pour donner l'odeur du jasmin à toute la masse de chocolat. Et si l'on y ajoutait beaucoup de cette eau, le chocolat ne se lierait pas bien. Je sais que vous êtes discret, et que vous savez très bien jusqu'où vous pouvez parler[2].

La réticence de Redi paraît inexplicable uniquement si l'on oublie que le protomédecin de la maison Médicis, responsable de la pharmacie grand-ducale, confident et courtisan dévoué, ne pouvait divulguer les secrets qui égayaient le taciturne prince hypocondriaque. Après sa mort, la recette fut enfin dévoilée et, par l'intermédiaire de Cestoni, le « chocolat à l'arôme de jasmin » parvint au grand naturaliste Antonio Vallisnieri.

Prendre dix livres de cacao noir, le nettoyer et le hacher grossièrement. Prendre une quantité suffisante de jasmin frais à mélanger avec le cacao, étaler en couches successives dans une boîte ou un autre ustensile, et laisser reposer vingt-quatre heures, puis enlever et y ajouter une quantité égale de cacao, en étalant couche après couche comme ci-dessus, et ainsi, toutes les vingt-quatre heures, ajouter du jasmin frais, dix ou douze fois. Prendre ensuite huit livres de bon sucre blanc bien sec. Trois onces de vanille parfaite. Quatre onces de cannelle parfaite. Deux scrupules d'ambre gris. Puis faire le chocolat dans les règles de l'art ; veiller, en le fabriquant, à ce que la pierre ne soit pas trop chaude ;

---

2. F. Redi, *Lettere di F. R. Patrizio aretino*, op. cit., vol. II, p. 32.

mais que l'artisan le travaille et qu'il ne dépasse pas quatre ou cinq livres par masse ; car s'il échauffait trop la pierre, le chocolat perdrait son odeur[3].

La mystérieuse recette, jalousement tenue secrète dans les coffres de la fonderie du Palazzo Pitti, rêvée et désirée par des apothicaires avides et les enragés du « breuvage indien », aujourd'hui n'intéresserait plus personne. Le siècle des amoureux des odeurs et de Cyrano fut aussi, naturellement, celui des grands nez. Canaux intellectuels communiquant directement avec la précieuse chambre de l'intelligence, avec l'humide matière cérébrale, ils envahissaient l'épopée héroï-comique, la méditation physiognomonique, les petits poèmes à la manière burlesque de Francesco Berni, les prêches édifiants, les traités de rhinoplastie, les ballades grotesques et déformantes de la poésie populaire. Il arrivait qu'à Florence un orateur consacré fît, « en présence de la grande-duchesse, un sermon des nez » et en énumérât « de maintes sortes et si ridicules que je ne crois pas que l'on puisse jamais en trouver autant, même au pays des hommes qui se nourrissent d'odeurs[4] ». A la seconde moitié du siècle, le parfum du chocolat exerçait une irrésistible attirance sur les nez et les gosiers des princes et des cardinaux, des médecins et des

---

3. *Ibid.*
4. F. Redi, *Scelta di lettere familiari di F. R. [Choix de lettres familières de F. R.]*, Venise, Girolamo Tasso, 1846, p. 74.

jésuites. Francesco Redi, éminent archiapothicaire, se mue en un ingénieux expéditionnaire supervisant la stratégie odorante et la diplomatie ambrée de Côme, collectionneur maniaque de jasmin et de chocolats parfumés au jasmin. En 1689, un envoi précieux part du palais florentin, destiné au père Paolo Antonio Appiani de la Compagnie de Jésus; il s'agit de ce « chocolat que, par votre billet, vous me dites désirer. Il y a six paquets de six diverses sortes, parmi lesquelles celle à l'ambre, celle d'Espagne et celle au jasmin devraient être les meilleures[5] ». L'année précédente, il avait fait parvenir à un autre jésuite, le père Tommaso Strozzi, un écrin empli de rares et inédites délices, accompagné d'une lettre très odorante.

> Essayez — lui écrivait-il — un peu de cette poudre du Tonc. Je crois que Votre Révérence n'en a certainement jamais goûté, car c'est la nouvelle mode, et une mode que seuls se partagent les personnages de haut rang; c'est une poudre pure, telle qu'elle fut produite par la mère nature, sans absolument aucun artifice d'odeur : je vous en envoie peu, car seuls quelques élus y ont droit. Je l'accompagne d'autres poudres en plus grande quantité, aux jacinthes, à la vanille, aux jonquilles, au muguet, à l'ambre, au musc grec et une autre, pure, du Brésil... Le chocolat au jasmin, que je vous envoie en douze paquets, vous pourrez l'emporter à Naples pour le déguster avec vos amis[6].

---

5. *Ibid.*, p. 189.
6. *Ibid.*, p. 187.

Consultant secret, éminence grise de l'épicerie médicéenne, dieu tutélaire des confitures, liqueurs, parfums, crèmes et autres poudres, Lorenzo Magalotti avait rapporté d'Espagne un riche carnet de confiserie aromatique. C'était lui le spécialiste occulte du buffet qui communiquait à Francesco Redi les recettes du chocolat aux agrumes, au jasmin, du chocolat à la frangipane, des pastilles et des chocolats aux fleurs.

De si savoureuses et précieuses délices ne pouvaient rester sans effet. Converti au culte de la nouvelle manne, le père Strozzi se mit aussitôt à composer (sur requête du médecin grand-ducal, entre les mains de qui passaient toutes les merveilles abordant au port de Livourne en provenance des pays d'outre-mer) une « très galante poésie ». Il s'agissait d'une longue recette articulée en vers latins très raffinés, où le docte homme d'Église, « grand théologien et émérite prédicateur de la Compagnie de Jésus », enseignait non point les façons d'échapper à la damnation éternelle mais la « manière de manipuler le chocolat en pâte et de le réduire ensuite à la forme d'une boisson chaque fois que l'on veut en prendre[7] ». Chocolat et bienheureuse éternité n'étaient pas incompatibles.

L'engouement collectif pour le chocolat, dont les jésuites avaient été les hérauts, les chantres, les pion-

---

7. F. Redi, *Annotazioni di F. R. al Ditirambo*, in *Opere di F. R.*, *op. cit.*, vol. I, pp. 78-79.

niers et les importateurs, ne fit qu'effleurer, semble-t-il, les milieux catholiques et les autres ordres religieux. Les dominicains — traditionnels rivaux de la Compagnie de Jésus — et divers autres ordres prirent position contre l'« us, et plutôt l'abus, de certaines plantes aromatiques dans la boisson du Mexique dite chocolat[8] ». Le père Giuseppe Girolamo Semenzi, clerc régulier somasque, professeur de théologie à l'université de Pavie, quelques années avant que le père Strozzi ne se penche sur les arcanes de la technologie chocolatière, avait goûté avec méfiance le « breuvage indien », mettant en garde contre les dangers celés en cette boisson insidieuse qui avait le pouvoir d'échauffer excessivement le sang.

> L'indienne proue porte aux lèvres européennes
> Les sucres du Brésil, les noix de Banda,
> Et les marchandises odorantes proviennent
> Des Moluques, de Ceylan, étranges contrées.

> Des ambroisies mousseuses pour une soif gourmande
> Et vaine composent l'Espagne et la Hollande ;
> Et l'inhumaine Asie embaume les argiles,
> Les tissant de couronnes dans l'Italie civile.

---

8. *Il Mondo Creato diviso nelle sette giornate [Le monde créé divisé en sept journées]*. Poésie mystique du père dominicain Giuseppe Girolamo Semenzi, Clerc Régulier Somasque Professeur de Théologie Sacrée à l'Université Royale de Pavie, Milan, Carlo Antonio Malatesta, 1686, p. 196.

> Or cacao, or vanille on la nomme
> Et, pleine de fragrances, le luxe auguste
> N'envie rien aux gorgées ni de Memphis ni de Rome.
>
> Souvent, pourtant, il enflamme le sang desséché
> Par trop de chaleur et trop d'arômes employés
> Et le goût fait du remède un poison[9].

On croit saisir dans le sonnet du religieux somasque une pointe de désapprobation envers la vague exotisante qui pénétrait les sanctuaires les plus réservés de l'« Europe non barbare » : le cacao servant à préparer ces « mousseuses ambroisies », le chocolat chaud destiné à satisfaire une « soif gourmande et vaine », est regardé avec ce même mépris mal dissimulé pour les porcelaines chinoises que l'« inhumaine Asie » déversait sur l'« Italie civile ».

Les milieux catholiques n'acceptèrent pas tous avec un égal enthousiasme l'introduction du chocolat dans les rituels sociaux, non tant à cause du caractère hispano-clérical (ainsi que cela fut hâtivement écrit[10]) de cette boisson catholico-jésuite que pour des raisons médicales et économiques[11]. En

---

9. *Ibid.*
10. Cf. Wolfgang Schivelbusch, *Das Paradies, der Geschmack und die Vernunft*. Trad. fr., *Histoire des stimulants*, Paris, Le Promeneur, 1991.
11. « On ne peut évaluer l'argent que les Européens dépensent aujourd'hui pour le cacao et les autres drogues du chocolat. Le docteur Crescenzio Vaselli, siennois, digne de respect autant pour sa noble urbanité que pour sa doctrine, écrit prudemment cela dans une de ses lettres qu'il m'adressa il y a peu, disant que "s'il n'y avait d'autres raisons de poursuivre et de bannir le chocolat, il faudrait le faire au nom de la seule politique : en effet, nous ne manquons pas de choses domestiques et naturelles qui peuvent allécher notre gourmandise sans crainte de danger". »

revanche, le café — qu'une historiographie approximative désigne comme une boisson convenant totalement à l'éthique protestante, symbole du sens bourgeois du labeur et de l'activisme mercantile nordique — trouva au sein du monde catholique du Sud européen ses experts et ses laudateurs.

Notre théologien somasque, établissant dans son *Monde créé* la liste des « remèdes des plantes salutaires », y inscrit le « *cauè* ou café, boisson faite avec le fruit d'un arbre de l'Arabie Heureuse, qui a été importé en Italie ».

> Le fruit émietté d'arbres orientaux bout
> Au creux du cuivre, et dans l'eau argentée
> Un mélange avec le sucre mousseux
> Rend plus suave la chaude humeur trempée.
> Le fumet exhalant une nuée précieuse,
> Antidote odorant aux têtes infirmes,
> Offre un jus vital, infusion savoureuse,
> Ruisselet chassant toutes les afflictions.
> Le nectar indien se boit en une belle tasse,
> Et, unie au café, sur l'âme coule
> Une vertu curative, une apaisante joie.
> Aussi, que l'humanité se console,
> Si le monde est blessé en ses intimes parties,
> Il reste à la gourmandise les baumes d'Arabie [12].

(Parere intorno all'uso della cioccolata scritto in una lettera dal Conte Dottor Gio. Battista Felici all'illustrissima Signora Lisabetta Girolami D'Ambra [Avis sur l'usage du chocolat, écrit dans une lettre par le Comte Docteur Gio. Battista Felici à l'illustrissime Dame Lisabetta Girolami D'Ambra], Florence, Giuseppe Manni, 1728, p. 67.)

12. G. G. Semenzi, *Il Mondo Creato, op. cit.*, p. 194. Parmi les premiers à raconter l'« histoire médicale du café », on trouve le comte Luigi Ferdinando Marsili qui, ayant été fait prisonnier par les Turcs, dut, en tant qu'esclave, « pendant de nombreux jours, sous une tente enfumée, exercer le métier de cuisinier de café ». Voir sa *Bevanda*

Malgré les réserves des médecins et des économistes, le chocolat (qui, de l'avis autorisé de maints théologiens illustres, avait, entre autres, le mérite de ne pas rompre le jeûne du carême) connut un essor triomphal, parallèle à celui, tout aussi irrépressible, du café. En quelques décennies, sa conquête était si affirmée que même Bacchus, naufragé sur les côtes américaines, avait fini par se convertir au nouveau breuvage :

> S'étant composé
> Un visage placide
> Le Dieu enflammé :
> Ceci, ô mes Ménades,
> Dit-il, plein d'allégresse,
> Ceci, ô mes Satyres,
> Ceci s'appelle à présent
> Boisson nourricière et souveraine,
> Le chocolat en langue américaine [13].

La débâcle du dieu chancelant était radicale ; quelques décennies auparavant seulement, il avait proclamé et juré que jamais aucun des nouveaux breuvages ne viendrait humecter ses lèvres :

---

asiatica, Vienne, Gio. Van Ghelen, 1685, récemment republiée (Bologne, 1986) dans une édition critique, savamment annotée par Clemente Mazzotta. Marsili, entre autres vertus, reconnaissait au café le pouvoir de rendre « l'esprit clair » (p. 46 de l'édition viennoise).

13. Marcello Malaspina, *Bacco in America [Bacchus en Amérique]*, in *Raccolta di varij poemetti lirici, drammatici e ditirambici degli Arcadi [Recueil de divers petits poèmes lyriques, dramatiques et dithyrambiques des Arcadiens]*, Rome, Antonio de' Rossi, 1722, vol. IX des *Rime*, pp. 381-382.

Jamais on ne me verra
User du thé ou du chocolat,
De telles médecines
Ne sont point pour moi :
Je boirais plutôt du venin
Qu'un verre plein
D'un amer et coupable café...

Non seulement il s'était adapté à la « boisson céleste [14] », au « doux et blanc suc / des roseaux indiens [15] » (celui que Métastase proposait à Phillis, en lui en enseignant la recette), mais de surcroît il avait dû subir l'ultime outrage : goûter cette « liqueur si répugnante, / si noire et si trouble », digne des esclaves et des janissaires, sombre boisson infernale inventée par les Furies.

Le règne de Bacchus fut marqué au XVIIIe siècle par une succession mélancolique de bouleversements : le café envahit l'Europe, le chocolat chaud suscita des frénésies universelles, l'Angleterre devint au cours de la seconde moitié du siècle « the Land of Tea » (H. Honour) et même le cidre parvint à débarquer en Italie. Chanté par Magalotti, lequel traduisit le petit poème de John Philips, *The cider* [16], il parut

---

14. Adelasto Anascalio, *Intorno la ciocolata [Autour du chocolat]*, in *Saggio di lettere piacevoli, critiche, morali, scientifiche e instruttive in versi martelliani [Recueil de lettres plaisantes, critiques, morales, scientifiques et instructives en vers martelliens]*, Venise, Marcellino Piotto, 1759, p. 97.
15. Pietro Metastasio, *La cioccolata*, in *Tutte le opere di P. M.*, B. Brunelli éd., Milan, Mondadori, 1965, vol. II, p. 729. Trad. fr., Gallais (A), *Monographie du cacao, ou Manuel de l'amateur de chocolat... avec une cantate de Métastase*, Paris, Debauve et Gallais, 1827.
16. *Il sidro*. Poème traduit de l'anglais par le comte Lorenzo Magalotti, deuxième édition, Florence, Andrea Bonducci, 1752 (1re éd.,

rencontrer les faveurs de Côme III, au grand dam d'un Bacchus furibond qui dénonça avec des excès inconvenants « l'infâme vendange » de « belles pommes baignées de rosée[17] » perpétrée dans les jardins du palais Pitti sous le regard complaisant du pénultième grand-duc.

Bols, jattes, chocolatières s'inscrivirent dans le paysage domestique des palais, villas, évêchés, couvents et autres maisons aisées :

> La première boisson
> Qui emporte la couronne
> Et toutes les autres bat,
> C'est le chocolat,
> Qui en épaisse mousse
> Fume et bouillonne[18].

On assista à des abus inconnus, on s'adonna à des intempérances inédites. A la limite de la toxicomanie, certains gourmands immodérés se laissèrent aller à des beuveries effrénées du nectar mexicain. « Un seul bol de chocolat pris au moins trois heures avant le repas doit suffire ; et assurément, certains gourmands nuisent à leur santé, qui, traînant aux quatre coins de la ville, à l'instar de ces mêmes galopins de

---

Florence 1744). Il s'agit d'une traduction en hendécasyllabes libres.
17. L. Magalotti, *Il Sidro*, in *Canzonette anacreontiche di Lindoro Elateo*, op. cit., p. 80.
18. Girolamo Baruffaldi, *Le nozze saccheggiate [Les noces saccagées]*, in *Baccanali*, op. cit., vol. I, p. 36.

Rome, en boivent trois ou quatre bols au matin quand on leur en fait [19]. »

Ce qui caractérisa l'usage du cacao au début du XVIIIe siècle, lorsque le cérémonial n'était pas fixé et que les techniques oscillaient encore en un expérimentalisme confus, ce furent, sinon des abus, du moins d'indubitables erreurs méthodologiques, des incertitudes quant au mode d'emploi, des extravagances de novices, des confiances aventureuses.

> D'aucuns sont assez benêts
> Pour, d'un souffle, balayer
> La mousse qui dépasse
> Les bords de la tasse.
> D'autres se plaisent à trinquer
> Comme lorsque, attablé,
> On boit du vin
> Et vide plus d'un gobelet.
> Les spagyriques pensent élaborer
> Une eau-de-vie plaisante
> En y infusant du chocolat,
> Ils ne créent qu'une nouvelle encre.
> La très mauvaise invention
> De dénaturer cette boisson
> En y ajoutant des pâtes noires
> Me cause un grand déplaisir :
> S'il s'agit là d'économie

---

19. Giovanni Dallabona, *Dell'uso e dell'abuso del caffè. Dissertazione storico-fisico-medica del dottor G. D. Seconda edizione con aggiunte, massime intorno la cioccolata ed il rosolì [De l'us et de l'abus du café. Dissertation historico-physico-médicale du docteur G. D. Seconde édition, avec des ajouts et des maximes sur le chocolat et le rossolis]*, Vérone, Pierantonio Berno, 1760², p. 81.

Elle ne me paraît pas bonne.
Et ils ne me convainquent point
Ceux qui, parfois,
Parfument leur chocolat
De tabac, et s'en barbouillent le nez.
Je ne passe pas non plus sans nausée
Auprès de la secte des gloutons
Qui, délaissant l'eau pure,
Le boivent dans un bouillon gras ;
Et par ma foi, ils m'ennuient
Ceux qui le mélangent au café,
Ou à l'eau de l'herbe thé.
Il en est qui y mettent un jaune d'œuf,
Et l'on ne peut trouver
Plus énorme méli-mélo,
Plus chimérique imbroglio...
Les cuisiniers aussi à leur guise
En fourrent leurs pâtisseries,
Et dans mille petites boîtes
De pastilles, ils l'emprisonnent :
Aussi ne font-ils rien d'autre
Que changer une exquise boisson
En insipide pitance.
Certain cuisinier, ayant manqué
De fromage en cuisine,
Sur une noble polenta
Saupoudra bien grattés
Deux carrés de chocolat :
Une telle nouveauté fut si bien acceptée
Que les Apicius en voulurent la recette.
Dînant lors d'un banquet,
Je le goûtai préparé en sauce,
Mais à franchement parler,
Il n'aiguise pas l'appétit.
On l'a déjà mis dans le nougat,
Dans les gâteaux il a une place de choix :

J'espère qu'un jour un cuisinier
Le fera rôtir avec les cailles,
En excluant le pain sacré,
Ou du moins qu'il le mette à côté[20].

Parmi tant de « désordres[21] », Francesco Arisi — qui avait dédié à l'évêque de Crémone, Alessandro Litta, ce long dithyrambe consacré au « breuvage délicat dont on prépare les coupes dans les plus majestueux palais des Princes et des Prélats les plus vénérables » — enregistre la coutume blâmable de le consommer glacé et non bouillant, et adresse des reproches à :

... ces nonchalants,
Qui en juin et en juillet,
Et les jours de canicule
Se goinfrent de chocolat
Gelé, glacé,
Et l'avalent goulûment
En petits bouts de glace[22]...

Le XVIIIe siècle, en effet, fut enclin à un éclectisme doux et tolérant quant à l'alternance du froid et du chaud, du gelé et du bouillant. Si la victoire sur le XVIIe, amoureux des liquides glacés, fut nette ; si l'avancée des boissons chaudes comme le café, le

---

20. Francesco Arisi, *Il Cioccolato. Trattenimento ditirambico di F. A., Eufemo Batio tra gli Arcadi [Divertissement dithyrambique de F. A., dit Eufemo Batio chez les Arcadiens]*, Crémone, imprimerie de Pietro Ricchini, 1736, pp. 8-10.
21. *Ibid.*, p. 6.
22. *Ibid.*, pp. 6-7.

thé, le chocolat, fut irrésistible et leur triomphe définitif, le renouveau de l'engouement pour les sorbets, les glaces, les sirops, les eaux et les boissons glacées fut tout aussi universel : on adorait les sorbets à l'amande, au lait, au citron, l'eau de cédrat, de jasmin ou de citron vert.

L'âge baroque, dominé par le cauchemar doux-amer du « lavement », des grandes et terribles purgations (l'Argan de Molière incarne le plus célèbre prototype de cette basse servitude excrémentielle), le siècle qui vécut le grand débat sur l'usage social et thérapeutique du tabac (contre cette herbe admirable arrivée depuis peu en Europe, même Jacques d'Angleterre descendit dans l'arène avec une diatribe très dure, *Counter-blaste to tobacco*, accablant « this vile custom of tobacco taking »), ce siècle fut aussi celui qui utilisa les techniques du froid pour élargir l'éventail du plaisir. Un héros « culturel » tel que le cardinal Moncada et ses voluptueux clystères parfumés n'a pas représenté un cas isolé. Le « luxe » de s'insuffler par voie anale au moyen d'un tuyau la fumée du tabac chaud, s'il avait en sa faveur de très solides arguments *pro sanitate tuenda*, n'est pas exempt du soupçon de technologies compliquées et tortueuses faisant intervenir à la fois santé et volupté.

> Le plus considérable..., c'est qu'aujourd'hui, dans toutes les contrées étrangères et chez nous encore, de nombreux hommes, sûrement et sans danger, absorbent par la bouche la fumée du tabac, dont, ce

faisant, le palais et les parties circonvoisines s'imprègnent, et ils peuvent magistralement la chasser par les yeux et par les oreilles et par les narines ; et en cela le luxe a tellement progressé qu'ils ont inventé une façon très ingénieuse et très aisée de faire passer cette fumée par certains petits canaux ensevelis sous la neige, desquels elle sort ensuite si glaciale que même la plus froide des tramontanes ne saurait l'envier. Beaucoup, non contents de l'absorber par la bouche, avec un nouvel art et un nouvel instrument, s'emplissent, en guise de lavement, les boyaux de cette fumée chaude, et ils la trouvent bienfaisante pour bien des maladies les plus persistantes, et en particulier pour la douleur colique[23].

L'ambivalence de l'usage du tabac (froid par la bouche, chaud *intra nates*) se retrouve dans la manière de boire et le double régime que les nouveaux produits d'outre-mer introduisent dans le monde des riches. Cela dit, boire froid avait été, à la seconde moitié du XVIIe siècle, l'un des signes manifestes de l'affranchissement d'une règle médicale invétérée qui interdisait l'absorption de boissons passées à la neige en cas d'états fébriles. Le coup le plus important porté à l'édifice galénien, par ailleurs encore très solide, fut sans doute d'avoir « enfin, après une bataille ouverte, vaincu le foie, qui avait tant fait couler de sang en son temps[24] ». Les ana-

---

23. F. Redi, *Esperienze intorno a diverse cose naturali e particolarmente a quelle che ci son portate dall'Indie [Expériences autour de diverses choses naturelles et particulièrement celles qui nous parviennent des Indes]*, op. cit., pp. 236-237.
24. L. Magalotti, *Lettere familiari* [contre l'athéisme], op. cit. 1re partie, p. 126.

tomistes modernes, observait avec esprit Magalotti,

> ont fait la guerre à toutes les erreurs des Anciens ; et après une longue alternative de découvertes et de victoires..., ils l'ont détrôné, et, en qualité de viscère grégaire, et rien de moins que oisif, ils l'ont enfin enseveli vivant, et ils ont célébré ses funérailles pour l'ignominie et non pour l'honneur[25].

Le détrônement du foie et la déclaration de mort de son « empire », proclamée en 1653 dans une mémorable épigramme par le fameux anatomiste danois Thomas Bartholin, avaient amené à une singulière inversion de tendance dans la thérapie de certaines maladies : de célèbres médecins comme Francesco Redi conseillaient des « ventrées de griottes cueillies avec la rosée » à consommer le matin à jeun, des purges printanières à base de fraises par paniers, des « gueuletons de figues douces » et, « dans les ardeurs des fièvres tierces », « une tasse de griottes ou de prunes passées à la neige[26] ».

Dès la première moitié du XVIIe siècle, en effet, la modification d'un ancien paradigme scientifique (la découverte de la centralité du cœur, le rabaissement du foie au rang de « viscère grégaire », et parallèlement le déclin de l'« opinion erronée et si nuisible d'avoir l'estomac froid[27] ») avait amené à cette nou-

---

25. *Ibid.*
26. *Ibid.*, p. 130.
27. F. Redi, Lettre à Diacinto Marmi du 25 février 1683, in *Scelta di lettere familiari di F. R.*, *op. cit.*, p. 142. Cf. *Consulti medici e opuscoli minori*, *op. cit.*, p. 205 : « De nombreux malades et de nombreux médecins s'égarent souvent dans cette fausse opinion de l'estomac froid et du foie chaud ; et le plus ridicule est, me semble-t-il, qu'ils donnent la faute

veauté thérapeutique révolutionnaire pour les accès de fièvre, pratique sévèrement interdite par la médecine ancienne, laquelle, reléguée désormais dans les pays non encore touchés par la science moderne, survivait en Espagne, nation au fort retard culturel comparativement à l'Italie, la France et l'Angleterre.

A Madrid, il y a quarante ans environ — rappelait Magalotti dans une de ses lettres contre l'athéisme en 1680, esquissant un singulier petit tableau de la vie espagnole où les riches malades s'abandonnaient à des « lampées visuelles » —, il était un homme qui, les mois d'été, avait une étrange, mais aussi très galante ingéniosité pour vivre. Il rôdait autour des maisons des fiévreux de haut rang aux heures où ils brûlaient ; et comme, en ce temps-là, souffrir de la soif procurait à la fièvre ce même bien que l'on obtient aujourd'hui en l'étanchant, il leur donnait à boire par les yeux ce qu'ils ne pouvaient boire par la bouche, de la façon suivante. Il se présentait devant le lit et, soutenant des deux mains un grand rafraîchissoir de cristal tout embué et ruisselant à cause de l'eau glacée dont il était empli, il trinquait à la santé du malade, le portait aux lèvres et, fermant les yeux, avec cette même suavité affichée avec laquelle d'autres avaleraient une jarre de quelques onces, il le buvait sans reprendre son souffle. Mon frère me disait, qui s'était trouvé de payer plusieurs de ces lampées visuelles un doublon l'une, l'ineffabilité de ce qu'il ressentait,

---

de la froideur du pauvre estomac à l'excessive chaleur de ce gros insolent de foie, et ils allèguent certaines raisons et certains motifs qui choqueraient dans la bouche de nos petites vieilles, quand les soirs d'hiver elles racontent des histoires à leurs petits-enfants. »

un mélange de gourmandise, de réconfort, d'émerveillement, de douceur, de liquéfaction[28].

Francesco Redi (c'était lui le malade de l'estomac qui se soignait à coups de « gueuletons de figues douces »), médecin aux conseils avisés et au scepticisme éclairé (« depuis tant de siècles qu'il y a des médecins et des poètes — disait-il en riant — il n'est pas moins difficile de trouver une nouvelle recette en médecine qu'une pensée nouvelle en amour[29] »), devint le partisan le plus convaincu de l'union entre glace et vin.

> Pourvu qu'il soit glacé, et très pur,
> Gelé comme, à la saison du gel,
> Le plus froid Aquilon cingle dans le ciel.
> Que glacières et rafraîchissoirs
> Soient prêts à toute heure
> Avec d'élégantes bouteilles
> Fermées et enserrées au creux du givre
> Des neiges cristallines.
> Les neiges sont le cinquième élément
> Qui compose le vrai boire :
> Bien fou est celui qui espère recevoir
> Un plaisir en buvant sans neiges :
> Que vienne donc de Vallombreuse
> La neige en abondance,
> Que vienne donc de chaque maison
> La neige à profusion[30]...

---

28. L. Magalotti, *Lettere familiari* [contre l'athéisme], *op. cit.*, pp. 11-12.
29. *Ibid.*, p. 130.
30. F. Redi, *Bacco in Toscana*, in *Opere di F. R.*, *op. cit.*, t. I, p. 10.

Le Bacchus toscan, qui vivait « constamment / dans le désir de l'archifroid », avait adopté une technologie du froid exploitant les grottes naturelles et les réservoirs artificiels (les « conserves » où l'on entassait les neiges apportées des plus hautes chaînes des Apennins) ainsi qu'un ingénieux vase en verre, le rafraîchissoir, qui « en s'emplissant de vin a en son milieu une cavité dans laquelle on met des morceaux de glace ou de neige pour le rafraîchir, et a un long et grand cou pointant de l'un de ses flancs, à l'instar d'un arrosoir. Aujourd'hui [à l'époque de F. Redi], il n'est plus très utilisé ; et à la Cour, on appelle rafraîchissoir ces vases d'argent, ou d'autre métal, qui contiennent une ou plusieurs carafes en verre et servent à rafraîchir le vin ou l'eau avec de la glace[31] ».

Le déclin du rafraîchissoir en verre, remplacé par le seau de métal, accompagne l'évolution et la modification des styles conviviaux qui passent de la fastueuse représentation unidimensionnelle du banquet de la Renaissance ou du Baroque à l'éclatement au XVIIIe en une série de cérémonials intimes où les liquides chauds et froids s'alternent selon les heures de la journée. Les boissons chaudes semblent préférer la période diurne et une privatisation du temps en des espaces restreints (la chambre à coucher, le *boudoir**) : thé, café, chocolat se consomment en une dimension intime et privée, lors

---

31. F. Redi, *Annotazioni di F. R. al Ditirambo*, op. cit, pp. 120-121.

des collations matinales *(petit déjeuner*)* qui accompagnent le *lever**, ou durant les repas officieux, les rencontres informelles et confidentielles *(petit souper*)*. Les breuvages froids, hormis les goûters estivaux, s'associent plutôt aux galas et aux réceptions solennelles. Chocolatières, théières, cafetières, sorbetières se partagent les heures de la journée et scandent les temps des quatre saisons. L'alternance des boissons chaudes et froides marque le détachement des repas à l'ancienne, dominés par les liquides passés à la neige ou à la glace. Le théâtre mondain oscille à l'intérieur d'une « fiction / en partie bouillante / en partie glaciale », prisonnier d'une « flatteuse » et « mensongère » « cour friponne » qui en offre « une froide et une chaude [32] ».

---

32. G. Baruffaldi, *Le nozze saccheggiate*, op. cit., p. 40.

Des noms à dormir debout

Plus le XVIIe siècle s'approche du XVIIIe, plus les jours s'écoulent rapidement, plus s'illuminent les nuits de l'âge qui réforme le présent en démantelant le passé, et la vieille synergie éprouvée entre bouche et nez semble lentement se désagréger. Certaines figures singulières du baroque tardif, du XVIIe siècle entrant en Arcadie, tendent à quitter la scène. Un « gentilhomme tout savoir » comme le chevalier Giovan Battista D'Ambra, *dandy* florentin *fin de siècle**, esthète ami de Magalotti — lequel avait « virtuose même la bouche, et le nez[1] » (ainsi le présentait dans sa *Bucchereide* l'excentrique anatomiste Lorenzo Bellini, investigateur des instruments du plaisir oral dans *Gustus organum novissime deprehensum*, 1665) —, devient un personnage rarissime. Obsédé par une passion dévorante et exclusive pour l'odorat, par une mystique des arômes aspirant aux stades cognitifs supérieurs, accessibles uniquement grâce à une dila-

---

1. Lorenzo Bellini, *La bucchereide*, Bologne, Masi, 1823, 1re partie, proème II, p. 154, oct. 98, v. 3.

tation de l'âme oscillant entre illuminations et intuitions parfumées, prêtre d'un rite secret réservé à quelques initiés frôlant l'hérésie du monopole privilégié de la connaissance raréfiée, saisie au-delà du seuil des systèmes logiques, collectionneur maniaque d'un indescriptible *bric-à-brac** botanico-pharmacologique au goût du XVIIe, qui « invente mille odeurs élues, / fait des éventails et des coussins ; / fait de suaves encensoirs, / et de très riches pots-pourris, / fait des poudres, / fait des diffuseurs de parfums, / qui pour certains sont parfaits / ... et du fin fond des cols du Pérou, / ou des bois de Tolu / fait venir, / je dirai, / mille drogues, et peut-être plus[2]... », le chevalier D'Ambra se serait trouvé très mal à l'aise dans le *cabinet** des nouveaux philosophes. Née sans doute dans un climat de revisitation snob de la nouvelle science, réponse « faible », douce et nuancée à une géométrisation massive et exclusive du cosmos et des connaissances humaines livrées à la logique impassible des nombres, à la géométrie glaciale et inodore des formes, la mystique des odeurs ne peut pénétrer les salons du XVIIIe, voués au culte de la physique et des sciences exactes ; elle ne peut survivre dans un milieu culturel où l'indiscrétion des parfums, l'espionnage olfactif, profanent trop pesamment la sphère privée, protégée d'un voile de sensibilité mathématique mesurée et décente caressant des formes dou-

---

2. Francesco Redi, *Bacco in Toscana*, in *Opere, op. cit.*, pp. 18-19.

cement polychromes, suavement évanescentes, affinées dans leurs volumes enjolivés et miniaturisés. C'est, dans un autre domaine, le passage du superlatif au diminutif, de l'hyperbolique au raisonnable.

Ultime exemple de cette faune du XVIIe siècle en voie d'extinction, ce gentilhomme à l'alambic, adepte de la cornue, distille des odeurs et sélectionne des saveurs en une parfaite bipolarité entre bouche et nez. La cuisine orchestrée et polychrome, visualisée et segmentée, accolée mais pas amalgamée, la cuisine de l'œil du XVIIIe ne relève pas de sa compétence.

Ainsi toujours plaisantant, et jovial
Il est, de la science olfactive, la quintessence,
Et de son nez, tant il est doctoral,
Même les éternuements sont sentence,
Que les odoristes, en leur tribunal,
Enregistrent les jours de conférence,
Avec l'intervention des plus gourmands
Dont Magalotti est patriarche.

Et sans la fleur du palais
Ne peut se faire cette authentification nasale,
Car toujours furent associés
La bouche et le nez, pour le bien et le mal ;
Entre eux, semble-t-il, l'accord est
Que saveur et odeur uniquement valent
Si ce que l'on met en bouche est bon au nez
Et si la bouche trouve bon ce que sent le nez.

Donc, sa science des odeurs s'accompagne
De la science des saveurs, fine et parfaite,
Et il fait venir les recettes de cocagne

Exprès par courrier ou estafette ;
Et ni dépense, ni peine il ne s'épargne
Pour mettre à l'épreuve les recettes[3]...

Et pourtant, le grand bailli de l'Académie des odoristes de Toscane, « lesquels avaient toujours entre les mains les recettes de l'Infante Isabelle et de Don Florenzo de Ullhoa..., des seigneurs dédaignant toute fragrance qui ne fût point étrange, composite et exquise[4] », anticipe la passion du XVIIIe pour les chinoiseries, pour l'exotisme oriental et tropical, le goût pour les porcelaines, les *bibelots**, la décoration, la quincaillerie de salon importée du lointain Catay ou du très éloigné Cipangu.

Le collectionnisme éclectique, la science curieuse qui avait poussé le chevalier D'Ambra à entasser dans une *Wunderkammer* d'un style baroque finissant pas encore transformée en *cabinet** d'histoire naturelle[5] toutes les merveilles des Indes occidentales et orientales, souffre encore du gigantisme accumulateur du XVIIe siècle. En parfaite alliance avec l'architecture de son palais-entrepôt hypertrophié où la « manière » florentine élancée cohabite, en criante *mésalliance**, avec la « barbarie » exotique, et

---

3. L. Bellini, *La bucchereide*, *op. cit.*, 1re partie, proème II, pp. 154-155, oct. 99-101.
4. Giovambatista Roberti, *Lettera di un bambino di sedici mesi*, *op. cit.*, p. LXXIII.
5. Cf. Krzysztof Pomian, *Collectionneurs, amateurs et curieux. Paris, Venise : XVIe-XVIIe siècle*, Gallimard, 1987, en particulier les pages 61-80.

« où, au vu de l'apparat et du décorum / il semble qu'on attende un Pape en chaque pièce ».

> Et avec ses façons impériales
> Il est non seulement au ciel toscan triomphal,
> Mais il s'est même fait les Indes géniales,
> Qui vont du ciel chinois au péruvien :
> Et de leur dons, artificiels ou naturels,
> Il a créé de ses mains un cabinet
> Unique au monde pour les gemmes et l'or,
> Seul en possède un plus grand le grand Mogor.
>
> Et à son cabinet correspond
> Le reste de son quartier, souverain palais,
> Dont l'architecture confond
> Les manières barbare et toscane,
> Et le Japon, et le Brésil s'y cachent :
> Mais un Japon et un Brésil à la romaine,
> Où, au vu de l'apparat et du décorum,
> Il semble qu'on attende un Pape en chaque pièce [6].

Dans son entrepôt de merveilles botaniques, l'amateur raffiné de trésors végétaux et d'antiquités avait réuni « les plantes les plus rares que chaque Inde porte en elle ».

> Ajoutons à cela mille eaux de parfum
> Et mille fleurs, toutes extravagantes,
> Aux odeurs nouvelles, aux couleurs inédites,
> Et tant et tant de terres où les planter,

---

6. L. Bellini, *La bucchereide*, op. cit., 2ᵉ partie, proème II, pp. 18-19, oct. 39-40.

> Et toutes ramenées de lointaines contrées
> Du Sud, du Septentrion, du Ponant, du Levant,
> Et il y a même de la terre du Tonkin
> Qui fait naître doré l'incarnat[7].

Fleurs, élaborations des eaux de parfums, herbes, terres, arbres aux noms barbares, au point que « si tu veux guérir les possédés / sans autre onguent d'exorcisme / il suffit de nommer les arbres / qui font les sceptres des couronnes indiennes[8] » :

> Iraperanga, sercandam, bambou,
> Totake, rametul, coatl, chaoba,
> Tunal, tamalapatra, acacia catechu.
> Cacakuaquahuitl, hacchio, bacoba,
> Calampart, anda, munduyquacù
> (Imagine si le diable peut résister à cela),
> Baobab, ietaiba, quaiktlepopotl,
> Bonduch, aréquier, acajarba, achiotl[9].

Cacao, tabac, poivron, quinquina, coca..., le trésor botanique et pharmaceutique européen s'accroissait vertigineusement. Souverain de tous les mystiques des odeurs, dominait le « terrible comte », le « dur Magalotti, / Patriarche des satrapes et des gourmands ».

---

7. *Ibid.*, 1ʳᵉ partie, proème II, p. 155, oct. 103.
8. *Ibid.*, 2ᵉ partie, proème II, p. 25, oct. 65.
9. *Ibid.*, oct. 66.

> Un parler emphatique,
> Une pensée extatique,
> Un savoir plus grand qu'un grand grammairien,
> Le désir de s'élever plus haut que douze Nemrods,
> Tel est l'immense Magalotti[10].

Dans la « *cicalata* » [discours élégant sur un thème bizarre ou futile en usage dans certaines académies littéraires du XVIe au XVIIIe siècle] récitée par Lorenzo Bellini à l'Académie de la Crusca « pour le *stravizzo* [repas solennel, avec récitation de *cicalate*] du 13 septembre de l'année 1699 », le « héros du nez » qui avouait être à table « un pauvre mousquetaire (sauf certaines bagatelles, dont le fort est l'odeur, de sorte que plus que mets, on peut les appeler parfums par introversion)[11] », l'adorateur des parfums, surnommé le Grand Élevé à l'Académie de la Crusca, pontifiait avec un doux despotisme, accueillant sous son égide le « cicalatore » de la soirée, l'anatomiste lunatique Lorenzo Bellini, auteur de la *Bucchereide*, poème drolatique sur l'engouement pour les *buccheri*.

> Voici une belle pièce de votre mobilier académique, ce Satrape fait tout d'esprit, et un esprit fait tout entier de quartiers de pulpes d'oracles, et de cœurs de mystères, mêlés et regorgeant d'émulation de graines de mondes et de moelles d'idées, votre Grand Élevé, à la bonté duquel, donc, et non à votre

---

10. *Ibid.*, 1re partie, proème I, pp. 97-98.
11. Lorenzo Magalotti, *Lettere sopra i buccheri, op. cit.*, p. 306.

serviteur, vous devez savoir gré, si vous avez ce soir
qui vous amuse ; il l'a déniché au pays de Gog et
Magog grâce à ces innombrables correspondances
qu'il a avec les baleines du Nord, et avec les faussets du Nangan ; et il veut davantage ; que je vous
demande aussi de sa part de tenir en quelque considération bien distincte l'orateur que vous verrez en
cette chaire [12]...

Mais sous la perruque de l'académicien se tendait un nez dont « les papilles nerveuses, dont la
tunique de l'organe sensoriel est tout entière
comme piquetée et saupoudrée », produisaient un
« continuel chatouillement du sensible », lequel
agissait par « fumigation spirituelle » sur un cerveau monstrueusement préhensile et capable de
s'élever des essences odorantes vers la métaphysique céleste. Derrière « ces belles grosses joues
joviales, arrosées de cervoise, engraissées et gravées de beurre (ainsi que lui écrivait facétieusement Francesco Redi en lui envoyant « mille baisers très parfumés [13] »), se cachait un « esprit voué
sans partage à une exquise perfection en toutes ses
opérations » :

---

12. L. Bellini, *La bucchereide, op. cit.*, « Cicalata del dottor L. B. per servir dì proemio alla Bucchereide, recitata nell'Accademia della Crusca per lo Stravizzo del dì 13 settembre dell'anno 1699 », pp. 68-69.
13. *Scelte di lettere familiari di Francesco Redi* [Choix de lettres familières de F. R.], Venise, Tasso, 1846, p. 145.

... jusque dans les choses humbles et infimes, il était l'Élevé, et grand. Regardez-le, plongé dans les odeurs, manipuler fleurs et *buccheri* et effectuer d'odoriférantes manipulations, et en d'autres guises, ainsi que d'aucuns follement le jugeraient, perdre son temps... Jamais il ne s'abaissait aux choses humbles, il les sublimait. Tout pareillement, notre Élevé grandissait le petit, élevait le bas, ennoblissait l'abject, et comme il avait un goût des plus purs, il amenait toute chose à une exquise perfection. Cela même qui paraissait à l'ignare plèbe douceur et délicatesse excessives n'était que désir de perfection [14]...

Intransigeant mystagogue de cette « voluptueuse liturgie » des odeurs, il avait réussi à faire en sorte que ses serviteurs, même les plus rustres ne sachant distinguer le thym de la marjolaine, peu à peu devinssent

> de pointilleux examinateurs des compositions les plus délicates, [habiles] à manipuler, à inventer, à altérer, à retrouver et deviner, à force de flair, je ne dis pas les classiques de la parfumerie, l'ambre, le musc et la civette, car cela est très aisé, mais les fleurs et les agrumes, et les racines et les herbes, et les *pali d'aquila* et *zidre*, et *ciaccherandà*, et *calambucchi*, et aloès, et *nysses*, et gommes, et *rage*, et *tracantidi*, et

---

14. Giuseppe Averani, *Delle lodi e del conte Magalotti nell'Accademia della Crusca detto il Sollevato. Orazione funerale di G. A. detta nell'Accademia della Crusca il dì 18 agosto 1712 [Des louanges du comte Magalotti à l'Académie de la Crusca dit l'Élevé. Oraison funèbre de G. A. dite à l'Accadémie de la Crusca le 18 août 1712]*, in G. Averani, *Lezioni toscane di varia letteratura*, Florence, Gaetano Albrizzini, 1766², pp. 253 et 255.

baumes, et *animi*, et quinquina, et argiles et *buccheri* et tant d'autres

Noms étonnants à dormir debout,
A ramener les morts parmi nous[15].

---

15. L. Magalotti, *Lettere sopra i buccheri, op. cit.*, pp. 310-311 ; le *palo d'aquila*, dérivé du portugais *pao d'aguila*, est une espèce de bois d'aloès ; les Espagnols distinguaient diverses qualités de bois d'aloès : la première, rare, sous le nom d'*aguila* ; la seconde, très aromatique, sous le nom de *calambucco*, la troisième sous le nom de *calambak* ou *tambak*, très estimée par les Indiens et utilisée pour parfumer les maisons et les vêtements. Le *zidra* dont parle Magalotti est identifiable comme le *Juniperus Barbadensis*. Le *ciaccherandà* est un bois indien. La *Nyssa* est un arbre oriental ; *tracantide*, qu'aucun dictionnaire italien n'enregistre, dérive sans doute de *tragantha* (Pline), et est la gomme adragante ; *anime* est un nom donné à diverses résines, obtenues à l'origine d'un arbre des Indes occidentales. [Notes tirées du commentaire donné par Mario Praz dans son édition des *Lettere sopra i buccheri*.]

Quintessences de sucs

Dans les « grandes salles » des palais aux « toits dorés[1] », la table du XVIIIe siècle, « étincelante d'une argenterie pure / et de céramiques étrangères, déploie et dispense / ses saveurs élues méditées[2] » : des saveurs fines et nuancées, élaborées et pensées en fonction du style d'une cuisine mesurée et ordonnée, conçue pour des convives pétillants et spirituels, pour des « gandins pomponnés[3] » et des dames éthérées évoluant, aux rythmes et aux cadences d'une gestualité nouvelle, parmi une argenterie et des bibelots très fins, au milieu de porcelaines aériennes et diaphanes semblant exprimer, par leur fragile présence, un *esprit de finesse** identique aux mains qui les manipulaient. Délicates porcelaines en « argile de Saxe », « grâce auxquelles l'Europe a vaincu l'art chinois[4] », bols, théières, cafetières, « assiettes

---

1. Giovambatista Roberti, *La moda*, in *Raccolta di varie operette del padre G. R.*, op. cit., t. 1, p. XXI, oct. IX.
2. *Ibid.*
3. *Ibid.*, p. XXX, oct. XXVII.
4. Francesco Algarotti, *Epistole in versi*, in *Opere*, op. cit., t. I, p. 9 : « A Sa Majesté Auguste III. Roi de Pologne, Electeur de Saxe ».

creuses et plates », émaux et miniatures, sorbetières et chocolatières, tous les raffinements d'ameublement et de décoration deviennent partie intégrante de la mise en scène du repas, anticipation visuelle garante des précieuses blandices du goût, signes menant à la « quête du bonheur ».

Dans les salles éblouissantes où la lumière de mille chandelles réfléchie par les « cristaux exactement taillés » se réverbérait sur les parois aux tendres couleurs crème ou pistache

... accueillies parmi les cavaliers,
dans l'éclosion gracieuse des plus fraîches années,
sont les grandes dames bellement enveloppées
des riches ornements de leurs gais atours ;
et tantôt, s'adonnant à de nobles jeux
elles reposent sur les sièges indolents et moelleux ;
tantôt elles tissent de nocturnes et agiles danses
sous la fulgurance des cristaux étincelants [5].

Le repas tend à devenir vaguement imaginaire, appendice suavement conventionnel de rituels sociaux qui célèbrent leurs congrès en d'autres espaces et en d'autres temps. D'autres flatteries caressent le désir, d'autres plaisirs alanguissent l'appétit. D'autres séductions émanent des intérieurs décorés à l'orientale où la dame « peut à son gré dans un bol chinois / savourer le suc de fruits

---

5. G. Roberti, *La moda, op. cit.*, p. XXII, oct. X.

indiens[6] ». Sur les tables, d'autres tentations envoient de voluptueux et irrésistibles messages :

> Certains boivent le chocolat mexicain
> ocellé, qui déjà fume et odore ;
> d'autres l'ambroisie tendre et glacée
> du sorbet, que la fraise colore ;
> d'autres les ignées liqueurs de vigne née
> or du royaume d'Hespérie, or de l'aurore ;
> et si vous m'en croyez, ayez du café égyptien,
> et la chinoise et placide herbe thé[7].

Les délices du buffet et les raffinements du *dessert** attendent le beau monde galant.

Les assiettes ont rapetissé car les modernes — ayant abandonné l'« ancienne manière[8] », ce style baroque dépassé, où l'« on mangeait avec une abondante libéralité qui réconfortait le commensal assis, lequel se rassasiait, dépourvu de toute crainte d'ôter le bon morceau, sinon à la fourchette, peut-être au désir de son compagnon[9] » —, veulent « de très délicieux petits plats[10] », des « pâtées » et des « quintes essences de sucs[11] » ; les nouveaux « sybarites[12] », les « riches

---

6. F. Algarotti, « A Pietro Grimani. Doge de Venise », *Epistole in versi*, in *Opere, op. cit.*, t. I, p. 11.
7. G. Roberti, *La moda, op. cit.*, p. XXII, oct. XI.
8. G. Roberti, *Lettera ad un vecchio e ricco Signore feudatario*, in *Scelta di lettere erudite, op. cit.*, p. 126.
9. *Ibid.*
10. *Ibid.*, p. 129.
11. *Ibid.*, p. 126.
12. *Ibid.*, p. 129.

voluptueux ont parfois perdu et comme épuisé le goût à force de l'utiliser, aussi veulent-ils l'énergie des sauces, aussi veulent-ils le consommé de toute chair pour fuir la fatigue même de la mastication [13] ».

Dans les repas dits magnifiques — déplorait un vieux feudataire qui revivait avec nostalgie le temps perdu de la *grandeur** baroque —, le déploiement des soucoupes et coupelles est infini, mais leur capacité est si misérable que chacun de nous peut à peine prendre une bouchée ou absorber une gorgée... Certaines maisons, après l'apparition des banquets, amenuisent leur maigre table ordinaire, faisant alors l'éloge de la saine simplicité; et si toutefois on garde un certain air d'apparat, il y a le pâté que l'on appelle « de la semaine », parce qu'il dure une semaine entière, et ce que madame de Maintenon, dans une de ses fameuses lettres à madame d'Aubigné, nomme la *pyramide éternelle**[14].

Il ne faut pas prendre les réprobations du noble seigneur nostalgique de la table féodale trop à la lettre, au point de croire que la « saine simplicité » frôlait à chaque fois le seuil de la faim. Au XVIIIe siècle, qui voulait et pouvait mangeait encore avec une fastueuse abondance. Certes, mieux vaut ne pas évoquer les « plats des souverains et des Dieux [15] ». Louis XV — à en croire « monsieur Mer-

---

13. *Ibid.*, p. 130.
14. *Ibid.*, pp. 126-127.
15. *Ibid.*, p. 129.

cier » qui affirmait qu'en France on ne savait « manger que depuis cinquante ans [16] » —, durant son interminable règne, ne goûta jamais la *garbure** de Gascogne, alors qu'il ne connaissait ni restrictions économiques ni réduction des plats. En revanche, Frédéric le Grand, exquis prince éclairé *par excellence**, qui avait chanté en vers les louanges du pâté *à la sardanapale** recommandé par son maître de maison, se plaisait à s'attabler pendant trois heures et commandait lui-même la veille « les mets (en nombre limité) à des cuisiniers de diverses nations [17] », et suggérait en personne « conseils et expériences [18] ». Prussien mais cosmopolite en tout, stratège très subtil jusqu'en cuisine, admirablement internationaliste sans l'ombre d'un chauvinisme culinaire.

Au XVIII° siècle, certains « très nobles *stravizzi* [19] » se pratiquaient encore couramment, mais les riches recherchaient surtout « le raffinement et la nouveauté et la variété [20] ».

Les documents abondent de fabuleux parasites envahissants, ces *sigisbées de la dent*, comme les appelait Carlo Innocenzo Frugoni, lequel connaissait admirablement les riches tables de Bologne et de

---

16. *Ibid.*
17. *Ibid.*
18. *Ibid.*
19. *Ibid.*
20. *Ibid.*

Parme. A Milan, le prince Tolomeo Trivulzio, fondateur méritant du Lieu Pieux homonyme (Pietro Verri en parle dans une lettre de 1770), en vrai « Lombard Sardanapale » qu'il était,

> faisait donner une éducation aux poulets pendant plusieurs mois, d'abord en les purgeant, puis en les repaissant d'herbes odorantes et de légumes préparés ; un homme qui faisait nourrir un bœuf pendant deux années et plus, toujours de lait pur, pour avoir une chair divinement succulente ; qui faisait frire les œufs avec de la graisse de becfigues ! Voilà qui est notre Newton ; et il n'est pas l'unique Milanais de ce genre,
>
> *Car l'antique valeur*
> *Encore n'est pas éteinte aux cœurs italiens*[21].

En « matière de nourriture », d'après Pietro Verri, Rome et Naples, avec leurs amoureux de l'Antiquité, hellénistes, esthètes d'inspiration néoclassique et autres adorateurs rêvant au beau idéal, ne pouvaient vraiment pas connaître « les délices du palais », la gastronomie, car, disait-il, « c'est là un art exclusivement gaulois et de toute la Gaule ». Le retour à l'antique, du moins sur table, produisait illusions et désenchantements.

---

21. *Carteggio di Pietro e Alessandro Verri dal 1766 al 1797, op. cit.*, vol. III, p. 308.

Je ne sais s'il est vrai que le Prince de San Severo, à Naples, voulut un jour donner un dîner servi à l'antique, et préparé minutieusement selon Pétrone, Horace, etc., dont les épris d'Antiquité sortirent affamés[22].

Heureusement, Raimondo di Sangro, le prince alchimiste dont on disait qu'il avait trouvé la formule pour obtenir du sang artificiel, eut le bon goût de se limiter aux expériences des classiques, sans se laisser séduire par les extravagants *exploits* culinaires de certains empereurs du Bas-Empire comme Héliogabale, lequel, ainsi que l'archéologie gastronomique du XVIIIe le mettait au jour,

> excessivement luxuriant en toute chose, faisait préparer certains jours un dîner tout entier d'herbes, certains autres tout entier de fruits; parfois tout entier de mets doux et miellés, parfois de plats faits de lait. C'est pourquoi il avait des officiers de bouche si experts et maîtres dans l'art de manipuler les douceurs et les laitages que, tous les mets que les cuisiniers composaient avec de la viande, du poisson et tant d'autres sortes d'animaux, ceux-ci les faisaient, merveilleusement imités, avec du lait et du miel, et ils contrefaisaient aussi en mille guises tous les fruits[23].

C'était l'époque où, après la Renaissance, on revisitait de façon érudite les cérémonials conviviaux des

---

22. *Ibid.*, p. 309.
23. Giuseppe Averani, *Lezioni toscane di varia letteratura...*, op. cit., t. III, p. 73.

Anciens, en parfait synchronisme avec les découvertes archéologiques romaines, en particulier Herculanum, avec la passion répandue pour l'« antiquaille », la romanité, l'hellénité.

Tandis qu'à Florence (1766) on réédite et relit les *Leçons toscanes* sur les *Banquets publics des Romains et leur magnificence* de Giuseppe Averani, académicien de la Crusca — partiellement anticipées par le « divertissement érudit » *De l'usage des guirlandes et des onguents aux banquets des Anciens* (Ferrare, 1698) de Giuseppe Lanzoni, médecin ferrarais et ami de Francesco Redi —, dans la Rome de Clément XIII, Winckelmann et Mengs travaillent ensemble à redécouvrir et à relire l'Antiquité classique. Une Rome où, durant le carnaval, « des castrats déguisés en princesses », par des « œillades languides et des actes amoureux », faisaient perdre la tête à des prêtres romains, ravagés de passions indécentes « pour ces Antinoüs [24] ».

Pendant ce temps, Alessandro Verri, entre deux passions, entre une promenade et un dîner galant, s'adonnait sérieusement à l'étude du grec avec une liberté beaucoup plus grande que celle de l'éphèbe prussien qui, « occupé du matin jusqu'au soir », écrivait en italien, une langue qu'il maîtrisait bien : « Je mange du pain que j'ai gagné à la sueur de mon front, et surtout le samedi quand je dois cuisiner [25]. » Toutefois,

---

24. *Carteggio di Pietro e Alessandro Verri*, op. cit., vol. VI, p. 25.
25. Johann Joachim Winckelmann, *Lettere italiane*, G. Zampa éd., Milan, Feltrinelli, 1961, p. 93.

lorsque Casanova l'invitait à dîner, Winckelmann trouvait chez lui un repos le réconfortant de ses travaux acharnés sur l'Antiquité et de ses fièvres hellénisantes, surtout après quelques bouteilles de son vin préféré, l'Orvieto. C'était sans doute un convive plus délicat et aimable que son associé en matière de beau, Anton Raphael Mengs, lequel, en privé, se soûlait quotidiennement (oublieux des « principes » des beaux-arts), humiliant de ses excès brutaux sa belle épouse Margherita Guazzi de Mengs, qu'il avait un temps partagée en toute camaraderie avec Winckelmann, le sensible « doctor umbraticus » qui finit égorgé dans une auberge de Trieste par un beau Ganymède de trottoir. « Obstiné et cruel », raconte Casanova, Mengs, « chez lui, se levait de table invariablement ivre : mais au-dehors, il ne buvait que de l'eau ». Après les travaux monumentaux de Montfaucon et du comte de Caylus, les antiques étaient devenues une grande fièvre collective qui dévorait l'Europe cultivée. A telle enseigne que l'abbé Étienne Bonnot de Condillac, « bon commensal » au demeurant, à Rome, un jour de 1775, « considérant que personne ne l'invitait à déjeuner et que tous lui montraient des statues, ne put s'empêcher de s'exclamer : *Quel beau pays si on y mangeoit des statues*[26] ! ».

A son arrivée à Rome en 1769, le grand-duc de Toscane Pierre Léopold Ier eut droit à un traitement

---

26. *Carteggio di Pietro e Alessandro Verri*, op. cit., vol. VII, p. 260.

fort différent : bien qu'il aimât « au plus haut point les antiques », le conclave lui envoya, au lieu de raretés archéologiques, « cent trente faquins chargés de marchandises, la plupart comestibles : jambons, ratafia, eau-de-vie, mortadelle, café, chocolat, confiseries ; deux veaux vivants, un morceau de la Sainte Croix, lié d'or, etc., si bien qu'on aurait dit la marche de Iarba, roi des Maures. Les faquins étaient extraordinairement déguenillés et déliquescents[27] ».

A Rome, malgré la dévorante passion pour les antiquités, la tradition conviviale des grandes maisons et des agapes de prélats persistait, inébranlable. Le cardinal Domenico Passionei, « le pacha de Fossombrone », conservateur de la Bibliothèque vaticane et bibliophile exquis, ennemi acharné des jésuites, ami de Giacomo Casanova et protecteur de Johann Joachim Winckelmann, dans sa retraite dorée proche de la Ville éternelle, qu'il avait appelée malicieusement « Camaldoli », en référence à l'ermitage des camaldules

> sur les collines de Rome, quand il déposait son chapeau rouge pour en prendre un de paille blonde, appelait « frère untel et frère untel » ses compagnons de villégiature et « cellules » leurs chambres ; mais en réalité, ces frères n'allaient ni au chœur chanter des mélodies, ni au réfectoire manger des herbages et des omelettes ; les bois du Brésil, les pagodes de la Chine,

---

27. *Ibid.*, vol. II, p. 191.

les bouteilles du cap de Bonne-Espérance, les pâtés de perdrix du Périgord, telles étaient les idées qu'éveillait ce voluptueux monachisme[28].

Le pape Ganganelli, en revanche, l'ex-capucin liquidateur des jésuites que le sensuel Passionei traitait publiquement de « couillon », malgré son austère discipline de table, quand il fit peindre à fresque sa « vie domestique » sur les murs de la résidence estivale de Castelgandolfo, voulut être représenté en « habit blanc d'équitation » galopant « à cheval, suivi par quelques-uns de ses familiers de basse condition, les cuisiniers, les aides-cuisiniers, les marmitons et les balayeurs aux portraits reconnaissables, les gens véritablement proches de lui ». Sur un autre côté, on admirait « Sa Sainteté elle-même en promenade, et non loin de là, un marmiton de cour, dit le *sept-pâtes*, célèbre pour la faveur du Prince dont il obtint cette très agréable dénomination[29] ». Étrange cavalcade évangélique que celle du Vicaire du Christ, peint entouré de sa cour des humbles, marmitons, balayeurs, tournebroches, ou saisi lors de promenades confidentielles en compagnie d'un simple (ou savant) garçon cuisinier. Un retentissant renversement de la hiérarchie, une fulgurante allégorie du détrônement et de l'humilité incarnée. Mal-

---

28. G. Roberti, *Lettera ad un vecchio e ricco Signore feudatario*, in *Scelta di lettere erudite*, op. cit., pp. 111-112.
29. *Carteggio di Pietro e di Alessandro Verri*, op. cit., vol. VII, p. 66.

heureusement, tant de familiarité avec sa dévote brigade de cuisine ne le préserva pas du poison qui lui fut administré (dit-on) sur mandat des jésuites.

Dans les grands palais princiers, comme celui des Ruspoli, certaines soirées de style néo-classique avaient une grande tenue, beaucoup de classe. En 1775, au cours d'une réception donnée en l'honneur de l'archiduc d'Autriche, après la course des Berbères,

> on passa... dans une galerie où était une table pour cent personnes au moins, tout entière dressée de sorbets avec un *dessert** en forme de remblais, de temples, de jardins, de statues de porcelaine, le tout fastueusement riche. Puis on descendit au rez-de-chaussée et l'on entra dans une salle de bal bien décorée, qui correspondait à un jardin tout nouvellement aménagé et très éclairé. Du côté de la salle de bal était appuyée une pergola ornée de statues, laquelle, par quelques escaliers, menait au jardin. En face il y avait le mont Parnasse avec Apollon et les neuf Muses et Pégase frappant de son sabot sous lequel jaillissait l'Hippocrène. Des deux autres côtés, sur des chênes disposés à la manière d'une colonnade, se tenaient deux orchestres. Tous les vases d'agrumes étaient illuminés par des lumières cachées dans de gros citrons évidés, de sorte que la clarté en transparaissait à travers la fine écorce. Sous les orchestres se trouvaient les deux autres fontaines ornées de statues. Les allées du *parterre** étaient en sables multicolores mêlés à de la poudre de verre scintillante. Puis tout autour, en hauteur, la scène se terminait par un *berceau** vert, orné de

statues. Le tout artificiel, y compris les statues qui étaient en carton-pâte et les fontaines qui furent formées expressément à cette occasion[30].

A Milan, au palais Imbonati, lors d'une *soirée** offerte en 1774 par le prince Chigi avec une *grandeur** romaine, les murs étaient tapissés d'« ornements tous pris de l'antique Herculanum ». Le « faste et le raffinement n'étaient pas moindres, entre miroirs, toiles peintes, voûtes factices, sols recouverts de drap vert, *buffet** en scénographie théâtrale ».

Chaque dame reçut un magnifique bouquet de fleurs, puis des oranges, puis d'exquis rafraîchissements circulant sans cesse... Vers minuit apparut le *buffet**. Sans un murmure, on dressa deux grandes tables dans la première salle et au moins vingt petites tables tout autour; l'espace diminuait, et pourtant il était incroyable de voir la prévoyance déployée en tout point par notre hôte et ses serviteurs. Les princes et les différentes dames prirent place et chacun, qui put ou voulut avoir d'autres tables, fit de même. La profusion des poissons de mer, des fruits de mer, des truffes, des faisans, des perdrix, etc., des vins était surprenante : tant d'offrandes m'importunaient ; j'ai vu des indiscrets qui, non loin, se rassasiaient d'huîtres ; du Tokay et on recommence. Le dîner terminé, tout disparut promptement et on dressa une nouvelle table d'un égal raffinement, et la deuxième fut suivie d'une troisième, si bien que, la fête s'achevant en même temps que la nuit, avec les restes de la gourmandise

---

30. *Ibid.*, p. 198.

publique on offrit aux musiciens un somptueux repas. Chigi aurait dépensé, dit-on, plus de six mille sequins[31].

L'éclairage — avait noté Pietro Verri — était « grandiose ». Lorsque les feux s'éteignirent, à la fin de la nuit (c'était le 16 février), la fête, multiple et interminable, s'acheva enfin.

---

31. *Ibid.*, vol. VI, p. 183.

La table plantureuse

Les raffinements du nouveau courant intellectuel et l'élégante magnificence des salons nobles ne firent qu'effleurer la province italienne. La règle de la mesure prêchée par les réformateurs était inconnue au nord du Pô. L'ordinaire resta substantiellement inchangé au cours de la seconde moitié du XVIIIe siècle comme en ses premières années. Dans le duché de Parme et Plaisance, par exemple, les tavernes proposaient, vers la fin du siècle, des repas qui ne se différenciaient pas vraiment de celui qui fut servi, à prix fixe, durant la première décennie du XVIIIe, au père dominicain J.-B. Labat, lequel, descendu dans une auberge de San Donnino, se vit offrir

> une soupe de petits pois, un ragoût, des animelles ou ris de veau frits, et un gros pigeon rôti. L'hôte vint me voir, et me fit apporter un jambon. Il m'excitait à boire et à manger. J'eus encore des artichauts à la poivrade, des fraises et du fromage excellent, avec du vin blanc et rouge à la neige[1].

---

1. Jean-Baptiste Labat, *La comédie ecclésiastique. Voyage en Espagne et en Italie*, Paris, Grasset, 1927, p. 133.

A l'exception du vin à la neige, appartenant à la tradition du XVIIe, une soupe, un ragoût, un plat frit et un autre rôti constituèrent, jusqu'au XIXe au moins, la structure fondamentale des repas de l'Italie septentrionale.

Mais en ville aussi, la réforme illuministe de la table rencontra parmi les classes les plus élevées des résistances tenaces et des refus obstinés. La « table plantureuse » survivait heureusement à toutes les réformes et à toutes les modes. Du moins chez les hommes. A Bologne, Giampietro Zanotti, membre de l'Académie Clementina et théoricien du beau en peinture, que l'abbé Roberti trouvait souvent « somnolent à côté de l'âtre domestique de sa spacieuse et lumineuse cuisine[2] », ignora tranquillement la réforme culinaire et réussit à atteindre et à dépasser le seuil des quatre-vingt-dix ans sans renoncer aucunement aux plaisirs antiques de la table abondante et savoureuse :

> ... d'une corpulence large et forte — ainsi se le rappelait G. B. Roberti — il avait un fameux coup de fourchette... Il était un gros mangeur de plats bons mais aussi consistants, tel qu'un morceau choisi d'un bœuf juteux. Je me souviens que, attablé à ses côtés, je lui offris, avec une belle courtoisie dont je me flattais, un becfigue ou peut-être un ortolan. Et lui, le refusant, me répondit qu'en dessous de la caille, il ne

---

2. Giovambatista Roberti, *Lettera al Nobil Signore Jacopo Vittorelli* [*Lettre au Noble Seigneur Jacopo Vittorelli*], in *Raccolta di varie operette dell'abate conte G. R.*, op. cit., t. IV, p. XXXIV.

se délectait de rien : mais qu'en dessus de la caille, il serait allé jusqu'à l'aigle.

Dans l'échelle des volatiles et des êtres comestibles selon lui, il plaçait les poulets élevés amoureusement à la maison par les valets, les canards bien nourris dans la cour du meunier et les poulets d'Inde lourds et charnus de poitrine à l'usage des jours les plus gras du Carnaval. Son Excellence Révérentissime Monseigneur Vitaliano Borromée, Vice-légat de Bologne et aujourd'hui émérite Cardinal de la Sainte Eglise, me dit un jour en plaisantant qu'il ne voulait plus déjeuner avec Giampietro Zanotti parce qu'il avait eu la témérité de vanter à sa table un chapon et s'était montré insensible à une certaine sauce de teinte orange (que nous, mortels d'Italie, appellerions un bouillon jaune), sauce par ailleurs si fameuse et exquise, qu'on la propose à Paris lorsque l'on veut faire l'examen d'un cuisinier[3].

L'insensibilité de cet illustre Bolonais (né à Paris en 1674, et, qui plus est, d'une mère parisienne) envers les sauces françaises est significative des profondes résistances et des refus ancestraux qu'opposait la tradition aux nouvelles modes venues d'outre-monts. Mais l'épisode rappelé par le père Roberti est en outre très utile pour mesurer la distance entre la table du vice-légat de Bologne et celle de l'évêque d'Imola, certainement plus modeste et qui, quelques décennies plus tard, à l'époque du bénédictin Barnabé Chiaramonti (avant qu'il ne soit élu pape en des temps difficiles

---

3. *Ibid.*, pp. XXXII-XXXIII.

pour l'anneau du Grand Pêcheur), se montrait singulièrement réfractaire à ces sauces d'importation (excepté la béchamel) que les cuisiniers italiens, cosmopolites et francophiles, considéraient comme les « bases fondamentales de la gastronomie ». « Une sauce délicate et savoureuse est l'âme de n'importe quelle excellente nourriture[4] », affirmait Francesco Leonardi. Plus excellente encore lorsqu'on l'enrichissait de champagne : « Si on emploie celui-ci au lieu d'un vin ordinaire, non seulement les sauces mais aussi tous les mets auront un goût et une saveur plus exquis et délicats[5]. » Il ne semble pas que Alberto Alvisi, cuisinier de l'évêque d'Imola, en fît autant, lui qui, en cuisine, n'employait rien d'autre que « le vin doux et généreux[6] » et le *Sangiovese*, ce nectar de Romagne au bouquet de violette. Provinciale, telle était la cuisine de l'évêque du diocèse situé sur le Santerno, enracinée dans les ancestrales traditions romagnoles, profondément attachée à la transmission orale du savoir des antiques maisons patriarcales des terres de l'ancien exarchat. Sans doute est-ce un hasard, mais les notes que nous a laissées le cuisinier Alvisi ne font

---

4. Francesco Leonardi, *Gianina ossia La Cuciniera delle Alpi [Janine ou La Cuisinière des Alpes]*, Rome, 1817, t. I, p. 96.
5. *Ibid.*
6. A. Bassani-G. Roversi, *Eminenza, il pranzo è servito. Le ricette di Alberto Alvisi cuoco del card. Chiaramonti vescovo di Imola (1785-1800) [Son Eminence est servie. Les recettes d'Alberto Alvisi, cuisinier du cardinal Chiaramonti, évêque d'Imola]*, préface de Piero Camporesi, Bologne, Aniballi, 1984, p. 175.

aucunement référence au chocolat. Ni liquide, ni solide, jamais il n'apparaît sur la crédence de Barnabé Chiaramonti. Fidèle à la tradition bénédictine, l'évêque voulait sûrement tout ignorer de cette douceur flatteuse, trop insidieusement liée à l'ordre de saint Ignace, que ses successeurs diligents diffusèrent partout, monopolisant son commerce et sa distribution, l'utilisant (susurraient leurs ennemis, lesquels étaient légion) à des fins de stratégie politique, pour la plus grande gloire du Tout-Puissant et de sa Compagnie. Il n'était point de maison jésuite qui n'embaumât délicatement le cacao. Mais le monde profane l'accueillit aussi avec exaltation. Pietro Verri le désirait abondant, excessivement doux, car — lui rappelait malicieusement son frère Alexandre, en évoquant le chocolat romain « bon, bien que sans vanille » — « je me souviens que c'est ainsi que tu l'aimes par profonde dépravation[7] ». Et de Milan, son frère illuministe le ravitaillait copieusement : « J'ai enfin reçu le vin, le chocolat et les journaux », le remerciait Alexandre en 1772, « le chocolat est exquis. Le cacao n'est que caraque et la vanille est parfaite. On n'en fait pas de si bons, ici à Rome[8]. » A Bologne, Pier Jacopo Martello, dont *L'éternuement d'Hercule* critiquait la manie française « de maintenir l'ordre et la disposition des plats en partant des soupes odorantes jusqu'aux desserts pyrami-

---

7. *Carteggio di Pietro e di Alessandro Verri, op. cit.*, vol. V, p. 65.
8. *Ibid.*, pp. 100-101.

daux[9] », s'avouait fasciné, dans *Le vrai Parisien italien*, par le « breuvage indien, que j'aime tant et qui, plus que toute autre chose, fait naître en ma tête d'étranges pensées[10] ».

Et le père Roberti — « jésuite placide et joyeux[11] », « bonne pâte sans façons » d'après le comte piémontais Benvenuto di San Rafaele, « lettré mal dégrossi, rustre », ainsi que lui-même se définissait trop modestement, qui regardait avec ironie les « fins lettrés » « aspirer aujourd'hui à la gloire de la mobilité délicate du système nerveux, puisque, à leur avis, c'est un signe d'esprit vif et agile », qui ne souffrait pas non plus de « migraines, d'hypocondrie, de vapeurs, de convulsions », « propres surtout des beaux génies » —, lorsqu'il recherchait des moments de brillante inspiration, n'invoquait jamais ni Apollon, ni les Muses mais absorbait « un bol de chocolat et plus souvent un café[12] ».

Et quand à Bologne (il y resta presque un quart de siècle, jusqu'au jour où les jésuites furent délogés *manu militari* du collège de Santa Lucia) il recevait dans sa « chambrette » « maître Francesco Zanotti... »

---

9. Pier Jacopo Martello, *Lo starnuto di Ercole [L'éternuement d'Hercule]*, in *Seguito del teatro italiano di P. J. M. [Suite du théâtre italien de P. J. M]*, dernière partie, Bologne, Lelio della Volpe, 1723, p. 247.

10. *Il vero parigino italiano*, ibid., p. 318.

11. *Lettera del cav. Benvenuto Robbio Conte di S. Rafaele al padre Giovambatista Roberti*, in *Scelta di lettere erudite*, op. cit., p. 204.

12. G. Roberti, *Lettera sulla semplicità elegante [Lettre sur la simplicité élégante]*, in *Scelta di lettere erudite*, op. cit., p. 100.

à ce poète, à ce philosophe, à cet auteur divin j'offrais un grand bol empli de chocolat ; sur la table, un plateau à dessert épuré présentait certains pains semblables au pain d'Espagne mais meilleurs, composés à Venise par des mains virginales, jaunes comme l'or de la Monnaie, larges, gros, moelleux, onctueux, très délicats. La Crusca ne m'aide pas à bien les décrire et les définir : ici, nous les appelons les *savoyards* ; et si jamais ils étaient nommés ainsi parce qu'ils sont d'origine savoyarde, je remercierais monsieur le Comte [le chevalier Benvenuto Robbio, comte de San Rafaele, destinataire de la lettre] de ce que sa Savoie nous envoie de douces galanteries si exquises.

Le vieillard à jeun, après avoir ôté au bol, de ses lèvres, la couronne de la première mousse luxuriante, trempait le savoyard dans l'épaisse et tendre boisson, opportune aux dents qu'il n'avait pas. Mais le gâteau était spongieux, et en un instant, il absorbait tout le liquide, si bien que souvent s'en détachaient, naufragés, des morceaux ramollis et fragiles que l'on devait ensuite repêcher, ou plutôt aspirer rapidement, quand déjà ils étaient devenus bouillie. Alors, mon bon Zanotti se tournait vers moi, les lèvres noblement salies, les yeux amicalement sereins, et disait, pitoyable : « Père Roberti, voyez ma disgrâce : ce cher mais impertinent savoyard a voulu se faire soupe et il s'est abreuvé à lui seul de tout mon bol de chocolat, lequel m'était destiné. » La chocolatière était encore bouillante et fumante ; si bien que les discordes entre un biscuit doux et un juriste se calmaient aussitôt que j'en versais une autre bolée. Alors, il commençait à boire, ayant fini de manger ; et justement, commençaient alors nos petits dialogues. Je me tenais debout, attentif, et lorsque la liqueur s'approchait de toucher le fond, je la renforçais en remplissant de nouveau le bol, après un de ses brefs et aimables refus, jusqu'à

> ras bord. Ce dernier réconfort, nous l'appelions —
> notre expression était exacte — le *petit contentement*.
> En effet, au nom d'une de mes habitudes inviolées, je
> ne permettais jamais que quiconque pour cette raison
> quittât ma chambre mécontent. L'illustre vieillard, à la
> suite de cet abondant réconfort, l'esprit ranimé et
> revigoré, lançait, vif et heureux, saillies et arguties[13].

Exquis *tableau** d'aimable vie bolonaise d'un autre temps, scène de vie privée légèrement teintée aux couleurs de la mémoire émue et nostalgique d'un exil sans culpabilité (il écrivait de Bassano en 1786, après avoir dû quitter sa très civile et très docte Felsina).

Le chocolat du père Roberti devait être de qualité : *amateur** de « chocolat noir » (C. Bondi), il ne pouvait ignorer pourtant le cacao de Soconusco, le « cacao le plus clair de tous les autres[14] », destiné à la cour. « Jadis — se rappelait-il — j'eus moi aussi gracieusement un échantillon de six livres de chocolat fait de ce cacao élu, que me procura un *cordon bleu**, le comte Jacopo Sanvitali, majordome de la duchesse de Parme, fille aînée du roi de France. A Rome, son Eminentissime Altesse Royale le Cardinal d'York me fit porter dans ma chambre trente livres du chocolat que lui, sobre mangeur d'herbes à table, il buvait chaque matin[15]. » Il est toutefois peu probable que l'éminen-

---

13. *Risposta del padre Giambatista Roberti al Conte di S. Rafaele*, in *Scelta di lettere erudite*, *op. cit.*, pp. 222-224.
14. *Ibid.*, p. 220.
15. *Ibid.*, pp. 220-221.

tissime prince végétarien de l'Eglise bût chaque matin trente livres de chocolat, ainsi qu'ont cru le comprendre quelques interprètes.

Pendant des années, ce « nectar » mexicain ne manqua jamais à la « collation matinale » du comte Roberti qui se traitait — disait-il lui-même — « royalement ».

Et pourtant la « noix indienne » « élue pour un usage noble et heureux », transformée en « agréable breuvage [16] », avait éveillé au début soupçons et inquiétudes chez les habitants de la vieille Europe.

> D'aucuns l'estimèrent une gélatine animale concentrée et parfumée au moyen de certains ingrédients odoriférants. D'autres la crurent une pâte composée de champignons exotiques ou de fucus marins. Certains, plus perspicaces, la voulurent un extrait d'herbes ou d'écorces d'arbres aromatiques des Indes...
>
> Non moins discordants furent les avis des premiers Européens débarqués sur les côtes de l'Amérique septentrionale, quant aux qualités ou aux inconvénients de cette boisson exotique. Certains, après l'avoir goûtée et expérimentée, la louèrent avec excès, la réputant un délicieux fortifiant particulièrement adapté au soutien des faibles complexions. D'autres, bien qu'érudits, sans daigner la goûter, chose fort étonnante, la condamnèrent comme une invention barbare et indigne de toucher le palais d'un Européen. Deux lettrés de renom à cette époque se distinguèrent par cet étrange jugement, le Milanais Girolamo Benzoni,

---

16. Clemente Bondi, *Il cioccolato [Le chocolat]*, in *Poemetti e rime varie [Petits poèmes et rimes diverses]*, Venise, Gaspare Storti, 1778, p. 122.

qui accompagna les Espagnols dans leurs premières expéditions, et le naturaliste Giuseppe Acosta, qui peu après visita le Mexique. Le premier, dans son *Histoire du Nouveau Monde* publiée en 1572, en parlant du chocolat, ne craignit pas de le qualifier de breuvage pour les cochons plutôt que pour les hommes. Acosta, quant à lui, dans son *Histoire morale et naturelle des Indes*, assure que les Espagnols établis au Mexique aimaient le chocolat jusqu'à la folie ; mais qu'il fallait être habitué à ce noir breuvage pour ne pas avoir la nausée à la simple vue de la mousse y surnageant, telle la lie d'une liqueur fermentée ; il concluait qu'il ne s'agissait là de rien d'autre que d'une superstition des Mexicains, car en ce temps-là les us et coutumes des Américains étaient, à des fins particulières, réputés généralement superstitieux.

Toutefois, l'esprit toujours actif et ingénieux du commerce trouva rapidement la manière de dissiper tous les préjugés à cet égard : il introduisit avec une heureuse issue le cacao et l'usage du chocolat en Europe. Les classes les plus importantes et les souverains eux-mêmes substituèrent avec plaisir la nouvelle boisson à leurs collations communes[17]...

Selon mes observations — écrivait l'abbé jésuite Gioan-Ignazio Molina, américain, membre de l'Institut des sciences de Bologne —, le chocolat que l'on fabrique communément en Italie dépasse tous les autres qui se font ailleurs et dans le goût et dans la salubrité. Il est nutritif, il fortifie l'estomac, il se digère facilement, il revigore en peu de temps les

---

17. Gioan-Ignazio Molina, Américain, *Sul cacao [Sur le cacao]*, in *Memorie di storia naturale lette in Bologna nelle adunanze dell'Istituto [Mémoires d'histoire naturelle lus à Bologne aux séances de l'Institut]*, Bologne, Imprimerie Marsigli, 1821, 2ᵉ partie, pp. 197-199.

forces épuisées, il renforce le système nerveux, et il est propre à soutenir l'âge sénile décrépit [18].

Chocolat mis à part, les doctes bolonais se traitaient eux aussi « royalement » (Francesco Maria Zanotti, frère de Giampietro, dirigea le célèbre Institut des sciences) : vaccinés par la « table plantureuse », ils ne souffraient aucunement de « migraines, de pâleurs, d'indigestions mêlées souvent d'un brin de convulsion », syndromes typiques des « honorables maladies qui, selon Tissot, sont le propres des lettrés sédentaires et contemplatifs [19] ». L'abbé Roberti, orgueilleusement fidèle aux traditions italiennes, alimentaires entre autres, se plaisait à souligner que le « peuple de Paris est le peuple le plus mal nourri de tous autres peuples européens ». Et il renchérissait, ajoutant que

> l'intolérance de certains Français est si arrogante que, arrivés en Italie, au premier essai d'un quelconque de nos plats cuit d'une manière différente de celle en usage au-delà de leurs Alpes, bien que ce soient des hommes pauvres (des maîtres de ballet ou des maîtres de langue, par exemple), ils décident que c'est là un plat franchement détestable [20].

---

18. *Ibid.*, p. 211.
19. G. Roberti, *Risposta del padre G. R. al Conte di S. Rafaele*, in *Scelta di lettere erudite, op. cit.*, p. 219.
20. G. Roberti, *Lettera ad un vecchio e ricco Signore feudatario sopra il lusso del secolo XVIII*, in *Lettere erudite, op. cit.*, p. 123-124.

Contre les « grands palais dépourvus d'allégresse, / vainement fiers d'un toit doré », contre les délices de leurs tables sophistiquées et recherchées, Clemente Bondi manifestait lui aussi de l'ennui dans *L'asinata* :

> Que m'importe si, d'une main experte,
> Un cuisinier gaulois colore mes plats,
> Et si, étrange esprit, il enseigne aux mets
> À mentir par de nouvelles douces saveurs ?
> Que m'importe si les tables, faste insane,
> S'honorent de saxes ou d'argenterie sculptée ;
> Et si de mers et de collines lointaines
> Une vigne inconnue envoie des vins élus[21] ?

Loin des palais, dans une « bienheureuse villa », un repas « de maigres dépenses » et sans « luxe », consommé « en une humble demeure » aurait fait retrouver l'appétit perdu, surtout si au « banquet pastoral » n'avait point manqué la polenta accompagnée d'alouettes, de bécasses et de becfigues :

> Longtemps ignorée, elle resta appât abhorré
> Seule dans les villages, vile et délaissée ;
> Et bannie des nobles tables
> Elle fut seul mets de gens humbles et grossiers ;
> Mais ensuite, mieux assaisonnée en ville
> Elle fut admise parmi le peuple civil,
> Et elle réussit enfin à susciter
> Les délicats désirs des dames et chevaliers[22].

---

21. C. Bondi, *La giornata villereccia [La journée villageoise]*, in *Poemetti e rime varie, op. cit.*, chant II, oct. II, p. 63.
22. *Ibid.*, chant II, oct. XX, p. 68.

Une nourriture rustre que les personnes de complexion délicate, fragiles d'estomac, tenaient pour un authentique médicament. « Depuis quelques jours — écrivait Algarotti à l'abbé Bettinelli en 1753 — je me remets grâce à la vertu souveraine de la polenta prise à jeun, qui est devenue mon chocolat[23]. »
Contre la « gloutonnerie française[24] », la polenta italienne pouvait s'ériger en puissant vaccin. De même, les repas à l'italienne que l'on offrait à Rome, chez le cardinal Corsini :

> Les perdrix, les bécasses, les francolins,
> Les grives semblaient faites en cire,
> Les poulardes, et les tendres pigeons
> Etaient montagnes ; voilà ce que je vis
> Un soir de carnaval chez les Corsini.
> Il y avait des pâtés de mille guises.
> De vins je ne parlerai pas : ils étaient tous là,
> Doux, ronds, secs, moelleux[25].

Centre de traditionalisme épargné par la nouveauté, les cuisines sacrées du Vatican, tout en respectant la tradition du maigre les veilles des fêtes solennelles, suscitaient l'admiration d'observateurs exigeants comme le président De Brosses qui séjourna plusieurs mois dans la Rome de Clément XII, entre 1739 et 1740. Son œil raffiné d'amateur d'antiquités se posa

---

23. *Opere del conte Algarotti, op. cit.*, vol. XIV, p. 88.
24. Niccolò Carteromaco [Forteguerri], *Ricciardetto, op. cit.*, t. II, p. 208.
25. *Ibid.*

longuement sur le repas en violet (c'était la veille de Noël 1739 et l'Eglise affichait les couleurs de l'Avent) que le pape offrit dans la salle royale du Quirinal après un concert et un oratoire. On servit

> une collation splendide, qui, même au dire de l'abbé de Périgny, pourrait être appelée un bon souper. On avait dressé sur une longue table assez étroite une file de surtouts ou dormants, agréablement formés en glaces, fleurs et fruits artificiels, accompagnés de deux autres files de grosses pièces réelles ou imitées, de salades, légumes, confitures, compotes, etc. ; le tout n'étant quasi que pour la représentation et pour former un service permanent : c'était la collation splendide. Voici le bon souper : un grand architriclin en soutane violette, à cause de l'Avent, debout vers le haut de la table, y faisait fonction de servir les mets, que des maîtres d'hôtel subalternes, non moins violets que lui, posaient sur la table plat à plat, jamais qu'un à la fois. Pendant que l'on en mangeait un, il en découpait et servait un autre par portions que l'on allait présenter : cette manière de servir un grand repas est commode et sans embarras. Presque tous les plats qui ont suivi les potages étaient de très beaux poissons de mer... J'y étais comme spectateur avec une grande foule de regardants[26].

Tandis que le docte président regardait et admirait (même le service pouvait frapper un Français habitué à

---

26. *Le président De Brosses en Italie. Lettres familières écrites d'Italie en 1739 et 1740 par Charles De Brosses*, 2ᵉ édition authentique, Paris, Didier, 1858, t. II, pp. 168-169. (Toutes les citations de cet ouvrage sont en français dans le texte. *N.d.l.T.*)

un autre ordre des plats), sous ses yeux se déroulait une étonnante scène en violet dominée par l'architriclin en soutane, par le cénobiarque des agapes sacrées du Vatican. Pendant ce temps, le cardinal vicaire, « bon moine, carme bigot, vraie figure de sulpicien », s'occupait dévotement à « dévorer en toute humilité un esturgeon et [à] boire comme un templier[27] ».

Ce fut alors qu'un membre du Sacré Collège, le cardinal De Tencin, s'adressant au vicaire (le carme Guadagni), après avoir guigné son visage pâle, lui susurra « d'un ton attendri et papelard » : « Son Éminence ne va pas très bien, et me semble ne pas manger. »

Le noble bourguignon-savoyard Charles De Brosses, amoureux de Salluste et des antiquités d'Herculanum, communément réputé homme « d'une inouïe et superlative gourmandise[28] », ami du cardinal Lambertini et du très érudit Passionei, conservateur de la Bibliothèque vaticane, collectionneur raffiné de manuscrits et de livres, connu non seulement pour sa singulière liberté d'esprit et de langue mais aussi pour sa dévotion pour la bonne chère (« amusement journalier qui forme un des principaux liens de la société[29] »), De Brosses, donc, était un observateur perspicace aussi bien des « antiquailles » que des coutumes alimentaires italiennes. A Rome, il fut si profondément touché par un

---

27. *Ibid.*, p. 169.
28. *Ibid.*, t. II, p. 22.
29. *Ibid.*

entremets goûté chez l'aubergiste du Mont d'Or que, quittant l'auberge après en avoir arraché la recette, il courut se le faire préparer par un autre cuisinier qui le lui concocta « d'une manière incroyable ».

> C'est une chose, mon ami, qui est au-dessus des tartes à la crème de Bedreddin-Hassan, qui produisent une reconnaissance si pathétique, si théâtrale dans *Les Mille et Une Nuits*[30].

Cet entremets de rêve évoquant des fantaisies à la crème dignes des *Mille et Une Nuits*, il voulut le graver, en bon antiquaire et lapidaire, en une recette dont les senteurs d'Orient ouvraient de nouvelles perspectives à l'imagination du docte président.

> Prenez moelle de bœuf en quantité, et encore plus de mie de pain détrempée dans du lait, frangipane, cannelle et raisins de Corinthe, le tout en masse, comme un pain, cuit au pot dans un excellent bouillon, enveloppé dans une serviette fine ; puis faites-le cuire une seconde fois dans une tourtière pour y faire une croûte ; mangez-en beaucoup si vous avez l'estomac robuste, c'est-à-dire autant que fait ce goinfre de Sainte-Palaye, et dites que Martialot n'est qu'un fat de n'avoir pas mis ces entremets à la tête de son *Cuisinier français*. Je trouve seulement que les raisins de Corinthe y sont trop[31].

---

30. *Ibid.*, t. II, p. 14.
31. *Ibid.*, pp. 14-15.

A l'exception du gibier qu'il jugeait médiocre, à Rome il appréciait surtout les « choses communes » qu'il estimait très bonnes : « le pain, les fruits, la grosse viande, et surtout le bœuf, dont on ne peut dire assez de bien, et dont vous jugerez quand je vous aurai dit qu'il est aussi supérieur à celui de Paris, que celui-là l'est aux petites villes de province[32] ». Quant aux fruits italiens, l'érudit français fut plutôt déçu.

> Il est vrai de dire que les fruits sont plus variés et pour la plupart meilleurs en France qu'en Italie, si ce ne sont les raisins, les figues et les melons, trois excellentes espèces qu'ils ont meilleures que nous. Les raisins de Bologne ne peuvent se comparer à rien. On trouve à Paris des figues et des melons d'un aussi bon goût qu'ici : mais ici ces fruits sont communs et communément bons. Je n'ai point mangé l'automne dernier, en Italie, de prunes ni de pêches qui valussent les nôtres[33].

Mais l'esturgeon du Tibre goûté chez le cardinal Acquaviva d'Aragona, sans doute le plus riche prélat de Rome, lequel aimait « le plaisir, les femmes et la bonne chère », lui parut digne d'Apicius. Excellent connaisseur et de vieux parchemins et de chairs marines, fraîches et frétillantes, le subtil président le trouva « d'un goût exquis, contre l'ordinaire des poissons de la Méditerranée, qui ne valent pas, à beaucoup près, ceux de l'Océan[34] ».

---

32. *Ibid.*, pp. 84-85.
33. *Ibid.*, p. 86.
34. *Ibid.*, p. 228.

Ce parfait connaisseur de la « science du savoir vivre » n'éprouva aucunement en Italie le manque de « certaines délicatesses sociales » qui, selon Pietro Verri, étaient du ressort exclusif des Français, inconnues des Italiens et particulièrement de ceux « de la partie méridionale[35] » de la longue et polycentrique péninsule. Et même, contrairement au noble illuministe milanais, l'aimable gentilhomme de Bourgogne — lors de son long séjour romain qui se déroula entre la fin du pontificat de Clément XII et le début de celui du charmant Benoît XIV qui, pendant le conclave, allait susurrant aux cardinaux « de son ton grivois en badinant : "se volete un buon coglione, pigliatemi"[36] » —, en comparant « le genre différent du faste des deux nations », trouvait la libéralité italienne « infiniment plus riche, plus noble, plus agréable, plus utile, plus magnifique, et sentant mieux son air de grandeur[37] ». En particulier, comparant le désir français de « faire une grande figure » et « d'avoir une bonne maison », limité surtout au faste convivial, à la maniaquerie de « tenir une grande table » (la gastronomie fastueuse et dispendieuse était le passeport nécessaire pour être accrédité dans la haute société française), il en arrivait à la conclusion que la passion tout italienne pour la

---

35. *Carteggio di Pietro e Alessandro Verri*, op. cit., vol. VI, p. 1.
36. *Le président De Brosses en Italie. Lettres familières...*, op. cit., t. II, p. 439.
37. *Ibid.*, p. 20.

magnificence architecturale des villas et des palais était beaucoup plus sage que le pompeux apparat des banquets français, parce qu'il était beaucoup plus intelligent de choisir de « se régaler les yeux que [de] se régaler le palais ».

« L'esprit gaulois », la « goinfrerie » des Français amenaient fatalement à la dissipation des ressources et à la primauté discutable des « métiers de luxe[38] », tandis que l'amour pour la splendeur architecturale, favorisant « les métiers de première nécessité », s'en remettait à la postérité pour la mémoire et la renommée de la lignée. En France, contrairement à la mesure et à la « vie frugale » des Italiens,

> un homme riche qui représente a force cuisiniers, force services d'entrée et d'entremets, des fruits montés d'une manière élégante (dont l'usage, par parenthèse, nous vient d'Italie); la profusion des mets doit toujours être au triple de ce qu'il en faut pour les convives. Il rassemble le plus grand nombre de gens qu'il lui est possible pour consommer ces apprêts, sans se beaucoup embarrasser s'ils sont gens aimables; il lui suffit qu'on voie qu'il fait la chère du monde la plus délicate et la mieux servie, et qu'on puisse publier que personne ne sait mieux se faire honneur de son bien. Au milieu de cette espèce de dépense, il vit dans un embarras journalier, sans plaisir, si ce n'est même avec ennui : malaisé, malgré ses richesses ; souvent ruiné, et à coup sûr oublié après la digestion[39].

---

38. *Ibid.*, p. 21.
39. *Ibid.*, pp. 20-21.

Sous la plume de notre docte bourguignon, connu pour son extrême gourmandise, ces lignes ont un peu l'air d'une confession personnelle : une juste autoflagellation d'un *gourmand** repenti (ou presque) qui, pour alléger ses fautes, en guise de pénitence, en arrivait à s'exclamer : « Une belle colonne cannelée vaut bien une bonne gelinotte[40]. » Amoureux des « antiquités » mais dévoué à la « bonne chère[41] », il en arrivait au sacrifice inouï de préférer une belle colonne à une « gelinotte », sorte de poularde des bois très semblable à la perdrix. Un échange fort douloureux pour notre pantagruélique président. Son opinion sur la frugalité des Italiens n'était pas nouvelle. Déjà « le maigre et frileux Redi », la « momie », avait évoqué la « coutumière parcimonie italienne » par opposition à la France « où les hommes sont tous des esprits vifs, brillants, très éveillés et très actifs », « habitués naturellement à se nourrir plus largement », attribuant la raison de cela au climat et à leur naturelle vocation ethnique : « Les peuples de la France sont généralement de très gros mangeurs. »

Toutefois, expert en purges et lavements, théoricien de diètes délicates et de thérapies légères, méfiant à l'égard des « grands médecins célèbres » et davantage encore envers les « mystérieuses » recettes des apothicaires et leurs « infâmes décoctions fabriquées avec

---

40. *Ibid.*, p. 21.
41. *Ibid.*, p. 22.

une infinité d'herbes de cent évêchés, aux noms en hiér(o)-, avec ces sacrées plantes laxatives, avec ces diacattoliconum, avec ces diafiniconum... », affublées de « ces noms impossibles, ronflants et vains » (« l'électuaire Lithontripticinum, / Et le Diatriontonpipérycinum »), s'en remettant surtout à la nature et aux eaux fraîches (dans le dithyrambe *Ariane souffrante*, l'épouse de Bacchus est dévorée par la fièvre pour avoir trop suivi les excès de son mari immodéré), notre sobre naturaliste comprenait et excusait l'intempérance française « parce que ce n'est pas de la gourmandise mais du naturel, et que ce naturel-là n'est point moderne, mais au contraire très antique. Et Sulpice Sévère dans le *Dialogue des vertus des moines orientaux* déclara clairement : *Voracitas in Graecia gula est, in Gallis natura*[42] ». Puisqu'il appartenait à l'ordre de la nature, leur appétit exorbitant ne relevait pas du vice mais d'une cupidité naturelle programmée par la très savante Mère. Le président De Brosses, qui n'était pas tenu de connaître Redi et ses consultations, songeait que

> les Italiens n'ont pas grand tort de se moquer à leur tour de notre genre de faste, *che tutto se ne va al cacatojo* (c'est leur expression burlesque), et qu'ils seraient fondés à taxer de vilenie nos grands sei-

---

42. *Consulti et opuscoli minori [Consultations et œuvres mineures]*, choisies et annotées par C. Livi, Florence, Le Monnier, 1863. Les autres citations de Redi sont aussi tirées des *Consulti*, respectivement pages 196, 186, 182. Les deux vers se trouvent dans le dithyrambe *Arianna inferma*.

> gneurs, parce que ceux-ci ne font point d'édifices publics, au moins aussi bien que nous à leur faire un pareil reproche, parce qu'ils ne donnent pas à manger[43].

Singulier point de vue à la limite du paradoxe, qui ne correspondait pas à la réalité et ne tenait pas compte des deux types de civilisation, architecturale et littéraire, que les deux cultures avaient créés et exprimaient. Pier Jacopo Martello, en revanche, bon connaisseur des coutumes et de la *civilisation* françaises, avait analysé dans les « actes » du *Vrai Parisien italien* les aspects distinctifs de la culture des deux pays en polémiquant avec un abbé d'outre-monts

> avide de me prouver que le meilleur goût, aussi bien dans l'art poétique que dans l'art oratoire, s'était retiré au-delà des montagnes, en sa chère France, parmi les étoffes et les perruques, dans les coupés et les calèches, sous les coiffes dans la manufacture desquelles le royaume excelle plus que tout autre[44].

Les grands palais nobiliaires que le président De Brosses admirait tant, leurs « interminables enfilades de pièces », semblaient au « Parisien » interlocuteur de P. J. Martello une inutile ostentation de grandeur, sanctuaires de magnificence luxueux mais inconfor-

---

43. *Le président De Brosses en Italie. Lettres familières...*, op. cit., t. II, p. 22.
44. P. J. Martello, *Il vero parigino italiano*, op. cit., p. 298.

tables où, « pour le plaisir de jouir des peintures, des tapisseries, de la vaisselle et des statues »,

> on meurt de froid l'hiver, si l'on ne s'emmitoufle pas de tapis ; on meurt de chaud l'été, si l'on ne rejette pas jusqu'aux draps de notre corps nu et trempé ; et c'est pourquoi tant d'air, ou glacial ou brûlant, auquel la saison extérieure communique ses défauts par les amples fenêtres jamais assez bien closes et les larges et nombreuses portes respirant à travers verrous et fissures, tourmente ces pauvres corps soit de frissons soit de fièvres ; aussi le matin se lèvent-ils, pour ainsi dire, châtiés par leur folle magnificence. Ces palais, grandes machines dont abonde plus que toute autre métropole votre Rome, contiennent un ou plusieurs appartements somptueux servant uniquement à certaines fonctions quelques heures par an ; le reste du temps, ils sont habités par des mouches, moustiques, araignées et autres souris qui, s'ils étaient animaux à se satisfaire des très riches décors, s'enorgueilliraient ô combien ! de s'ébattre parmi les brocarts, les velours et les damassés et l'or et l'argenterie, se riant de ces propriétaires insensés, réduits à s'essouffler pour monter au sommet de grandes bâtisses, quand à la fin ils s'installent dans quelques pièces exiguës pour vivre et se reposer[45].

Le comble du manque de fonctionnalité dans ces palais-musées, dorés et imposants mais très inconfortables, était constitué par la « disposition des cuisines »

---

45. *Ibid.*, pp. 312-313.

d'où, pour atteindre le lieu où déjeune ou dîne le seigneur, les plats mettent un quart d'heure de trajet aux mains de serviteurs, lesquels sont bien balourds s'ils ne les goûtent pas en chemin ; aussi arrivent-ils froids et mal en point ; ou alors, il est nécessaire, pour les garder chauds, de les apporter avec tant de feu que, posés ensuite sur les tables, afin que les estomacs ne se refroidissent pas, ils enflamment les têtes des convives[46].

Au contraire des Italiens, les « modernes Français » qui « affectionnent l'architecture confortable », dans leurs « habitations privées » étaient plus proches des antiques Romains et de leur sens pratique du fonctionnel. Non seulement les palais des grands seigneurs mais aussi les maisons plus modestes des marchands étaient un modèle d'architecture élégante et simple. Il n'existait rien de semblable en Italie qui pût se comparer aux délices des *cabinets** de France.

Mais toi, que dis-tu de ces cabinets, mon cher Martello ? Peut-on imaginer chose humaine plus délicate et riante qu'un cabinet français ? Des petits tableaux, des *buccheri*, des porcelaines et des miroirs qui de toutes parts multiplient les bibelots beaux et harmonieusement disposés, dégagent une impression de luxe et de délice. Et ces petites bibliothèques si bien compartimentées, composées d'étagères vernies et dorées, toutes habillées de petits falbalas qui, courant d'un côté à l'autre, décorent, égalisent la vue des

---

46. *Ibid.*, p. 313.

livres et les protègent de la poussière. La table spacieuse avec l'écritoire, le presse-papiers d'acier fourbi pour les lettres ; les sceaux, le papier, les plumes qui, bien rangés, ne l'encombrent pas mais la garnissent, n'invitent-ils pas, ne forcent-ils pas, mais doucement, à se divertir en étudiant, tandis que, de jour le soleil et de nuit la lampe de cristal sont, à la vue de qui s'y attable, centuplés par autant de miroirs, lesquels éblouissent, habilement nichés et diversement configurés au-dessus et sur les côtés[47] ?

Une salle à manger française, intime, tiède, feutrée, « d'une hauteur propre à n'échauffer ni ne refroidir les têtes, d'une ampleur telle que l'on puisse y évoluer », était très différente d'une de ces pièces splendides mais inhabitables des palais italiens et en particulier romains, fussent-ils « Farnese, Barberini, Borghese, Panfilio ». Construites à mesure d'hommes et non de demi-dieux ou de héros, les salles à manger d'outre-monts offraient ce confort simple que Pier Jacopo Martello connaissait bien :

> ... étant dans une de ces pièces, vous rencontrerez un masque de marbre blanc faisant jaillir l'eau en votre verre. Dans les coins de la même pièce, vous verrez les étagères vernies et sculptées pour les buffets : voici une table ronde, ni excessivement haute, ni basse, et d'une circonférence adaptée aux besoins de la famille ; et enfin, les chaises, disposées en rond, faciles à déplacer, plus commodes et légères que riches... Les

---

47. *Ibid.*, pp. 314-315.

Français se perdraient dans de telles places couvertes[48]...

Quelques décennies plus tard, en 1762, un autre voyageur cosmopolite, Bolonais de qualité, le docte médecin Giovanni Lodovico Bianconi, fin connaisseur d'art et protecteur du jeune Winckelmann, confirmera, dans une lettre de Dresde au marquis Filippo Ercolani, les profondes différences existant entre l'éphémère français lié au plaisir et à la joie du moment et l'éternité romaine, reconnaissant toutefois les nombreuses nouveautés que la « délicatesse du bon goût » gaulois avait introduites aussi bien à l'intérieur des maisons que dans les jardins.

> La France a toujours été encline aux choses allègres et de brève durée ; aussi n'est-il pas étonnant si, chez elle, la majesté romaine de l'architecture civile a fait de si maigres progrès alors que l'agencement intérieur des maisons et l'élégance des pergolas, des feuillages et des fontaines en a fait beaucoup. Je voudrais que vous voyiez le jardin de la marquise de Pompadour, dessiné et planté à Bellevue ; et vous verriez en petit jusqu'où peuvent arriver la belle nature et la délicatesse du bon goût. Il y a, entre autres délices, un bosquet tout de roses multicolores grimpant autour de piquets de fer qui les soutiennent mais qu'elles recouvrent et cachent ; je ne sais s'il est donné de voir

---

48. *Ibid.*, p. 315. Nous conservons la version « se perdraient », la préférant à « se désespéreraient » proposée par Hannibal S. Noce dans l'édition de *Il vero parigino italiano* publiée dans *Scritti critici e satirici* de P. J. Martello, Bari, Laterza, 1963, p. 339.

chose plus délicieuse et plus agréable. En vous promenant en ces beaux détours, vous vous perdez dans un nuage de parfums célestes qui vous revigorent ; et assurément les allées sacrées de Gnide et Paestum ne pouvaient être ni plus riantes ni plus odorantes que celles-ci. Au milieu, plus précisément au sommet d'une verte colline, s'élève un petit palais d'excellente facture, tout orné de beaux marbres, de bronzes, de bustes, de vases, de porcelaines, de tapis très fins du Siam et de Chine. De là vous voyez, à quatre lieues de l'Italie, l'immense Paris dresser au ciel ses tours et, en dessous de vous, la Seine serpenter de toute part, comme un nouveau méandre, à travers une plaine vaste et fleurie. Imaginez vous-même ce que disent les Français de nos sociétés, magnifiques certes, lorsque, pleins de ces idées, ils viennent à Rome. Nous pouvons leur vanter la beauté des statues de Polygnote ou des bas-reliefs d'Athénodor et montrer les urnes et les autres raretés de la villa Albani ou de la Pinciana : cela ne suffit pas à les réjouir. Mais qu'ils disent ce qu'ils veulent, ils n'auraient point aujourd'hui Marly ni Versailles s'ils n'avaient vu auparavant les villas de Tivoli ou de Frascati ; même si maintenant, à l'instar d'une matrone grisonnante, elles ont les rides de la vieillesse et sont vêtues à la mode de Léon X ou de Jules II [49].

Dans cette perspective de « choses allègres et brèves », de joies passagères et mouvantes, de délices

---

49. Giovanni Lodovico Bianconi, *Lettere sopra alcune particolarità della Baviera ed altri paesi della Germania [Lettres sur certaines particularités de la Bavière et des autres pays d'Allemagne]*, in *Letterati memorialisti e viaggiatori del Settecento*, E. Bonora éd., Milan-Naples, Ricciardi, 1951, p. 924.

et d'enchantements rapidement caducs, le goût français de l'intime, projeté sur le délicat, atteint avec le rococo sa perfection achevée. Rien ne semble plus séduisant qu'« un réduit écarté dans un lieu solitaire[50] », rien n'invite davantage à la « solitude » et à l'« abandon » qu'un « hermitage » discret et voilé. L'intériorisation du plaisir est distillée par la miniaturisation du paysage et le rapetissement des choses. L'œil doit être flatté par des objets agréables, à la juste mesure mais tendant à la grâce bien tempérée, que ce soit un « petit palais » ou un « pavillon » ou une serre réorganisant en son intérieur contrôlé des mondes végétaux exotiques nés sous l'égide du désordre dans le chaos primordial de la forêt, « étrangères merveilles », essences rares domestiquées et cataloguées. Toutes les choses (comme les bouchées et les délices culinaires) doivent être « approuvées par le goût » et, simultanément, « charmer nos yeux[51] ». Ainsi le veut la « fraîche jeunesse », la « brillante gaieté », ainsi le veulent les principes raffinés du « luxe moderne » soumis aux plaisirs de l'œil, à la volupté chromatique. Devant les volatiles, les regards sont aimantés par les « oiseaux de parade[52] », par l'« or pourpré du faisan », par l'« émail de la pintade ». Il semble que leur

---

50. Jacques Delille, *Les jardins, ou l'art d'embellir les paysages*, Paris, Valade, 1782, p. 94. (Toutes les citations de cet ouvrage sont en français dans le texte. *N.d.l.T.*)
51. *Ibid.*
52. *Ibid.*, p. 92.

étrange beauté agisse quasiment comme une stimulation du goût. Au point de faire supposer que les yeux peuvent devenir les antennes du plaisir intérieur, les goûteurs visuels reliés aux cavernes cachées des viscères.

Les serres — où, à l'abri des intempéries et en violant la logique des saisons, mûrissent, en un temps artificiel ignorant les rythmes secrets de la nature, des « fruits d'un faux été » et fleurissent des « fleurs d'un faux printemps [53] » — enchantaient Jacques Delille, planificateur de l'espace vert, organisateur de la douce mathématique des champs et des jardins.

> Mais j'aime à voir ces toîts, ces abris transparens
> Recéler des climats les tributs différens,
> Cet asyle enhardir le jasmin d'Ibérie,
> La pervanche frileuse oublier sa patrie,
> Et le jaune ananas par ces chaleurs trompé
> Vous livrer de son fruit le trésor usurpé [54].

Jamais l'abbé Roberti qui (à l'instar de Giuseppe Baretti) adorait la charcuterie de « nos ingénieux charcutiers » n'aurait préféré le jambon de Bayonne à celui de San Michele ou aux palettes de San Secondo. Et encore moins à la mortadelle bolonaise.

> Lors d'une consultation de professeurs bolonais, je posai il y a des années la grande question de savoir si

---

53. *Ibid.*, p. 93.
54. *Ibid.*

l'on pouvait le soir, sans contrevenir aux lois de la santé, manger quelques tranches de mortadelle ; et ces très grands savants me répondirent fort sérieusement que la viande de porc était peut-être plus salutaire que la viande de bœuf[55].

Il ne nous est pas donné de savoir si le comte Pietro Verri, qui partageait avec Pier Jacopo Martello le goût pour le chocolat, « délicieuse et bénéfique boisson[56] », incluait parmi les viandes « lourdes et visqueuses » celle de porc ; mais il semble certain que la réponse bolonaise à la cuisine sensualiste était différente de celle à laquelle il s'attendait. Même à Paris, P. J. Martello entendait ne pas renoncer « à engloutir un plat de macaroni au beurre avec du fromage de son pays, à la table libérale, ingénue et lombarde[57] » de l'érudit comte Pighetti, ambassadeur du duché de Parme à la cour de France. Bologne, l'ancienne Felsina des Etrusques, se méfiait — et pas seulement pour des motifs littéraires — de « nos Français » si fermement désireux de « maintenir l'ordre et la disposition des plats, de leurs fragrantes soupes jusqu'aux desserts pyramidaux[58] ». Fidèles au maintien immuable de la succession des mets dans la grammaire de la table tout comme leur prose était naturellement hostile à la « perturbation de l'ordre grammatical[59] ».

---

55. *Risposta del padre Giovambatista Roberti al Conte di S. Rafaele*, in *Scelta di lettere erudite*, op. cit., p. 219.
56. P. J. Martello, *Il vero parigino italiano*, op. cit., p. 318.
57. P. J. Martello, Lettre à Ubertino Lando, patricien de Plaisance, préfaçant *Lo starnuto di Ercole*, op. cit., p. 245.
58. *Ibid.*, p. 247.
59. P. J. Martello, *Il vero parigino italiano*, op. cit., p. 325.

Ville savante dans la médiation, même en cette phase délicate d'évolution du goût, Bologne exerça avec une sagesse modérée l'art du dosage équilibré entre l'ancien et le nouveau. Sa cuisine « généreuse » de tradition ecclésiale et sénatoriale, foncièrement conservatrice, n'était peut-être pas en mesure de rivaliser de manière adéquate avec les raffinements du « buffet » piémontais du XVIIIe (« une cour arbitre pour nous de maintes élégances[60] ») ou de celui des cours bourboniennes de Parme ou de Naples. Reprochant courtoisement à l'abbé Roberti son amour excessif pour le jambon, « méchante viande salée et fumée[61] », le comte Benvenuto Robbio di San Rafaele, lettré de l'académie des *Filopatridi*, poète du pré-Risorgimento avec son « petit poème » en vers libres *L'Italia* (1772), gentilhomme de chambre de Victor-Amédée III, l'invitait à savourer bien d'autres délices, à s'immerger dans un océan de chocolat, de biscuits, de sucreries, de gâteaux, à plonger au cœur d'un lac dense et sombre, parfumé par la blanche écume du sucre, dans le chaud tourbillon des délices piémontaises.

> Je voudrais vous envoyer un chaudron plein d'un chocolat épais et bien battu, fait au véritable cacao de Soconosco, et rehaussé de malicieuse vanille, avec, flottant à la surface, une felouque tissée de gâteaux de

---

60. *Risposta del padre Giovambatista Roberti al Conte di S. Rafaele*, in *Scelta di lettere erudite, op. cit.*, p. 217.
61. *Lettera del cav. Benvenuto Robbio Conte di S. Rafaele al padre Giovambatista Roberti*, in *Scelta di lettere erudite, op. cit.*, p. 20.

Vercelli, pavée de biscuits de Novara ou de Chieri, aux murs incrustés de mosaïques en bonbons de Mondovì. Au milieu s'élèverait un petit temple construit en biscuits ronds, en dragées de cédrat, de pêches, de coings, et de tant d'autres petites choses savoureuses qu'ont coutume de fabriquer durant leur brève oisiveté les mains innocentes de nos nonnes. La coupole de ce petit temple aurait en guise de globe une de nos confiseries qui viennent des monastères d'Asti ; et tout autour, bien ordonnées, se dresseraient debout diverses statuettes représentant Phébus, les Muses et le cheval poétique, trop souvent enfourché par de trop nombreux cavaliers ; et ces statues ne devraient pas être faites en cristal ou en porcelaine, mais en sucre surfin d'une grande blancheur[62].

Du sucre en poudre très blanc, provenant des gros pains de Hollande, « dur, blanc, brillant, pierreux, crissant, léger[63] », plus doux et soyeux que les pains de sucre vénitiens, manne des buffets, or blanc des confiseurs et des pâtissiers. *Le siècle de la femme** raffolait du chocolat, célébré en prose et en vers, adorait le sucre qui, travaillé par les architectes-pâtissiers, imprimait les rétines, et coulait le long de la gorge, sous forme de rossolis, de sirops, de sorbets, de gélatines, de conserves, dans les confiseries de fruits et de fleurs, dans les volutes ondoyantes du sucre glace « si joli à voir », dans la décoration polychrome du dessert.

---

62. *Ibid.*, p. 209.
63. F. Leonardi, *Apicio moderno, op. cit.*, t. I, p. 86.

Une fièvre sucrière veloutée s'emparait des palais patriciens et des maisons jésuites. L'époque du chocolat et du sucre avait trouvé chez les fils de saint Ignace de Loyola leurs adorateurs les plus dévots et leurs chantres les plus fervents.

> O sucre, ô douceur, ô don cher
> Venu à nous de contrées étrangères !
> Mort à quiconque, stupide ou avare,
> O sucre vital, te prise peu :
> Mort à quiconque se prend au jeu
> De proposer à autrui un amer café turc :
> Mort à quiconque jamais se hasarde
> A fabriquer sans toi pastilles ou tartes.

> Par toi, à t'absorber, s'éclaircit la voix
> Qui, affaiblie, se rouille et s'enroue ;
> Par toi la tendre pêche et l'âpre noix
> Sont en telle guise enrobées et confites
> Que l'hiver hostile plus ne nuit désormais
> Et leur pâte ne mollit ni ne durcit ;
> Et la verte pistache par toi choisie
> Se change en blanche et immortelle dragée.

> D'autres de Virginie et de Caracas,
> Des Moluques et de Macao
> Attendent la cannelle, et la giroflée,
> Et la vanille et le cacao ;
> Et celle qu'ores le nez cherche et traque,
> Comme jadis Hélène chercha Ménélas,
> La poudre de La Havane, ou du Brésil
> Odorante, moelleuse, subtile.

> Aussi prierai-je Neptune le Père
> De guider souvent mets sucrés
> Vers la fille de Janus, d'Adria à sa mère
> Courtoisement exempts de tout outrage ;
> Et, afin que, prompts, ils abordent aux belles
> Rives italiennes, qu'il les heurte de son trident.
> Avec moi, les nonnes forment de tels vœux,
> Elles qui aiment à composer leurs craquelins désirés[64].

Mais dès la première décennie du XIXe siècle, ce doux art de construire sur le sable et d'embaumer l'éphémère avait entamé une amère agonie. La *douceur de vivre** avait été ensevelie sous la chute de l'ancien régime, la société avait changé, le goût évolué. Les paysages ondoyants, les délicates perspectives d'inspiration classique, les architectures aériennes de sucre passaient de mode. L'œil ne se posait plus sur les paradis floraux fixés dans la pâte douce, ne s'attardait plus sur les emblèmes glacés ou les allégories confites, glissait distraitement sur les jardins artificiels fleuris dans le sucre. Cet art s'éteignait lentement, les jours de la délicate épopée du sucre étaient désormais comptés. En présentant l'irrémédiable déclin du pastillage filé, la voix de Francesco Leonardi, artiste ayant survécu à la ruine du vieux monde, entonnait en 1807 l'éloge funèbre de l'art du buffet :

> Il y a encore quelques années, les tables étaient dressées avec une fastueuse magnificence. La *décora-*

---

64. G. Roberti, *Le fragole [Les fraises]*, in *Raccolta di varie operette del padre G. R.*, *op. cit.*, t. I, chant II, oct. XXII-XXV, pp. 54-55.

tion du *dessert* formait le plus beau et le plus brillant ornement, qui la plupart du temps reprenait le thème pour lequel on apprêtait les tables les plus joyeuses et raffinées. Nous eûmes en Italie d'excellents artistes qui non seulement étaient très habiles pour les nombreux travaux de *confiserie*, de *biscuiterie*, de *sorbets*, de *glaces*, etc., mais avaient en outre maints talents particuliers, un vaste génie et une imagination féconde, afin de mener à terme les plus beaux *travaux de décoration* représentant les plus grandes actions des hommes illustres et les plus remarquables événements de l'histoire des nations. Temples, groupes, ornements, blasons, balustrades, vases, figures, etc., rien de ce que le dessin, l'architecture et le bon goût pouvaient offrir de mieux pour de tels travaux n'était négligé. Le *parterre** formait de surcroît les plus gracieuses arabesques aux couleurs les plus belles ou les plus vives; et les fleurs naturelles, que la nature produisait, disposées avec art et symétrie, rendaient un *dessert* amène et plaisant à voir.

Ces élégants et somptueux travaux étaient tous exécutés en seule *pâte de pastillage*; et le *parterre sablé** avec les sables les plus surfins de diverses couleurs aux tons dégradés [des sables colorés les derniers temps, mais — rappelait F. Leonardi — il y a peu, on utilisait le sucre en pains de Hollande pour *sabler* le *dessert*, que l'on colorait de diverses couleurs. Toutefois, cette méthode était défectueuse car les mouches non seulement détérioraient rapidement les travaux de dessin les plus beaux et les plus élégants, mais aussi incommodaient beaucoup les convives. On eut donc l'idée de remplacer le sucre par quelque chose d'autre, qui en exercerait les fonctions, et on trouva que le marbre blanc calciné et réduit en une très fine poudre était excellent pour suppléer cette indication[65]].

---

65. F. Leonardi, *Apicio moderno, op. cit.*, t. II, p. 137.

Or, je ne sais pour quelle raison, tout cela n'a plus cours aujourd'hui, peut-être parce que les hommes, toujours disposés aux changements de ce qui les regarde en matière de goût, ont cru qu'un service plus simple correspondrait davantage à leur système philosophique. Le *dessert* n'est désormais composé que de quelques *plateaux** couverts de miroirs, quelques groupes et figurines de porcelaine, quelques vases de fleurs, et le tour est joué[66].

J'espère cependant qu'un jour, lorsque sera clos le Temple de Janus, les hommes opulents recommenceront à goûter les *délices* de la *table*, que les beautés passées feront leur réapparition sur des tables magnifiques et délicates, mais que, de surcroît, on poussera plus loin le bon goût, la délicatesse, la décoration et la somptuosité dans un domaine qui forme les délices de la société, et fait oublier à l'homme pour un instant les aléas de sa vie[67].

Le grand pâtissier se trompait. Quand, après les brûlantes années napoléoniennes, le Temple de Janus fut momentanément fermé, le retour aux fastes de l'*Ancien Régime** resta le rêve de vieux artistes et d'aristocrates nostalgiques. Le « bon goût », le dessin, l'architecture, la « vive et heureuse imagination » de la société du XVIIIe ne renaquirent ni sur les tables de la Restauration ni avec la cuisine grise du romantisme. Les fabuleuses années du Settecento se fondirent dans l'oubli : l'âge du sucre et les chefs-d'œuvre de l'art du buffet étaient à jamais ensevelis.

---

66. *Ibid.*, pp. 130-131.
67. *Ibid.*, pp. 131-132.

TABLE

La science du savoir vivre, 7
La revanche de la nuit, 25
Bons cuisiniers et habiles coiffeurs, 51
Le siècle épuré, 65
Chairs lourdes et visqueuses, 81
Les étranges adoptions de la gourmandise désabusée, 93
Décors éphémères, 111
La bienheureuse éternité potable, 125
La botanique du palais, 143
L'art perfide, 165
Le breuvage indien, 185
Des noms à dormir debout, 207
Quintessences de sucs, 217
La table plantureuse, 231

Cet ouvrage a été réalisé par la
SOCIÉTÉ NOUVELLE FIRMIN-DIDOT
Mesnil-sur-l'Estrée
pour le compte des Éditions Grasset
en août 1992

Imprimé en France
Dépôt légal : septembre 1992
N° d'édition : 8920 – N° d'impression : 21552
ISBN : 2-246-44571-X